團十郎が食べてきたもの

成田屋の食卓

監修・構成　野地秩嘉
デザイン　長友啓典、脇野直人（K2）
写真　鈴木一彦（株式会社世界文化社）
小川知子

まえがき

市川家に嫁いでから四〇年が経ちました。結婚する前の私は何も知らない仏文科の女子大生でした。ですから、梨園に入ってもわからないことばかり……。しかも、主人は一九歳の時に父親を亡くし、結婚する一年前には病気で母親を失っています。ひとりで何もかもやらなければならなかった人でした。

歌舞伎役者としては後ろ盾がいなかったため、相当、苦労したと思います。

そして、私も梨園の決まり事を教えてくれる舅、姑がいなかったため、主人の妹(二代目市川紅梅)、先輩のおばさま方、番頭さんに一から教えていただくしかありませんでした。

「あなた、こんなことも知らないの」

何度も注意を受けたけれど、でも、自分が未熟なのだと思うしかありませんでした。ただ、歌舞伎のこと、成田屋の伝統を理解するにしたがって、この家の重みを自覚するようになりました。

「受け継いできた伝統、流儀を次の人にバトンタッチするのが私の仕事だ」

長年、歌舞伎役者の女房をしていて、やっと、そのことに気づいたのです。私が伝統を伝える相手は麻央ちゃん。彼女には、一緒に台所に立っては、成田屋の流儀や味を少しずつ覚えてもらっています。

麻央ちゃんは天ぷらが上手です。

「お義母さん、これだけはまかせてください」と言うだけあって、手際よく揚げていく。主人が病気になってから揚げ物を食べる回数が減ったので、麻央ちゃんの天ぷらは食欲をそそります。車海老、たらの芽、ふきのとう、いんげん、にんじん、大葉などをどっさり揚げてくれます。

「いちばん得意なのが海老の天ぷら」

彼女の言葉を聞いていて、主人が話していたことを思い出しました。

「親父が海老蔵だった頃だけど、ファンは絶対に海老を食べなかったらしい。でも、オレは好きだよ、海老の天ぷら。伊勢海老のフライ、どっちも好きだ」。主人も麻央ちゃんの天ぷらは食べました。

主人が亡くなって、もう三年が経ちました。忘れたことはありません。家事をしていても、ふと思い出すことがあります。

さて、私は歌舞伎役者の女房であり、母ですけれど、芝居については素人ですから、役者の芸について話すことなど何もありません。芸については、みなさまにお伝えすることは何もないのです。

私が話をできるのはひとつだけ。毎日毎晩、家族と一緒に食べたごはんのこと。主人や息子が握ってくれたまぐろのお寿司。みんなで囲んだ、はまぐりと豆腐の小鍋。娘や麻央ちゃんと一緒に作ったカレーやビーフシチュー。結婚した頃は大したものは作れなかったけれど、四〇年間、毎日、料理をしているうちにだんだん上達してきました。

料理をしている間、考えたことがあります。

「ひとつだけでいいから、何か工夫しよう」

卵焼きでも、味付けを変えたり、卵の種類を変えたり、買いに行くお店を別のところにしてみたり……。

ここで取り上げた料理はそうやって工夫したものばかりです。

私は主人、息子を見ていて、また、先代や先祖の事績を調べていて、成田屋の人たちが受け継いできた資質とは「工夫する精神」ではないかと思うのです。人の真似をすることが嫌いですし、受け継いだものをそのまま演じることにも納得していないようです。どこかで自分の個性を出そうとしている。

初代團十郎からいまの海老蔵まで、成田屋の主人がやってきたことは芸の上でのさまざまな工夫です。女房は代々、それを見守ってきただけ。工夫をしてきたのは食卓の上だけです。

成田屋の食卓

大晦日、正月、二月、三月

大晦日、年越しそばを食べると、ゆっくりする暇も無く家族で成田山新勝寺に参詣する。本堂にて護摩焚き（元朝《がんちょう》大護摩）を受けた後、貫首《かんす》さまから屠蘇をいただき、すぐに自宅に戻ってくる。それから少し休むが、希実子夫人は、早朝に起き出し、正月準備に追われることになる。午前一〇時、一門の人々が稽古場へと集まってくる。舞台には伊勢海老をあしらった鏡餅が並べられている。新年の挨拶をし、三升紋《みますもん》のついた屠蘇器で屠蘇をくみかわし、おせちをいただく。成田屋さんにふさわしい目出度い正月風景である。元日を過ごした後は、新春の歌舞伎公演が始まる。

二月、伊勢志摩の的矢牡蠣が届く。團十郎さん自らが殻をむき、ベランダに置いた炭火焼グリルで牡蠣の網焼きを担当したという。ワインを飲みながら和やかに午後を過ごすのが、いまも恒例となっている。

成田屋門弟一同
市川宗家
市川流名取一

奈良から届く年越しそば

奈良のそば店「玄」は團十郎さんが贔屓にした店で、このそばを食べて成田屋の一年は大団円を迎える。天ぷらを揚げるのは希実子夫人と麻央さん。

「京味」の五段重おせち

團十郎さんの時代から、おせちは新橋の京料理店「京味」にお願いしている。大晦日の午後に「京味」の主人、西健一郎さんが自ら届けてくれるものだ。

新年の挨拶の後は、お年玉と
成田山から授けていただいた
お守りが門弟たちに配られる。

三升紋をあしらった器

市川家の家紋である、大中小三つの升を重ねた三升紋。屠蘇器や椀など、客をもてなす器を引き立てている。

お雑煮は五〇人分用意

鶏肉、うぐいす菜、にんじん、大根が入った東京風の雑煮、たたきごぼう、ごまめ、黒豆などと一緒に「京味」に頼んでいる。数の子は希実子夫人のお手製。

的矢牡蠣のパーティ

大好きなものは毎日でも食べたかった團十郎さん。二月は、三重県志摩半島の的矢湾から牡蠣を取り寄せた。最近は希実子夫人のお仲間が集まって、牡蠣パーティを開いている。

團十郎さんが愛用した、まるで鎖《くさり》帷子《かたびら》のような牡蠣むき用グローブ。友人がミラノで見つけてプレゼントしてくれたものだ。

牡蠣三昧で旬の味覚を堪能

牡蠣フライにはたっぷりのタルタルソースを添えるのが團十郎さんの好みだった。生牡蠣、酢牡蠣、焼き牡蠣、それぞれのおいしさを味わう。

パーティの時は、いつもの料理をひと工夫

牡蠣の取り寄せは佐藤養殖場の清浄「的矢かき」と決まっている。紫外線で殺菌した海水に浸け、浄化してから出荷されるので生でも安心して食べられる。

鴨スープ

團十郎さんが好きだった鴨鍋をスープ仕立てにしたもの。鴨の旨味が出たスープに、しょうがの搾り汁でアクセントをプラス。

菜の花の和え物

いつものおひたしの雰囲気を変えるため、辛子マヨネーズで和えてから、しょうゆで風味付け、最後に刻み海苔をかけて。鉢に盛り付ければ見た目も新鮮に。

きんぴらごぼう

口当たりがよくなるように、細く切り揃えることで、ふだんのきんぴらとは違うごちそうの一品に仕上がる。

ポテトサラダ

にんじんは火を通さず、千切りにして軽く塩をするだけ。シャキッとしたおいしさが加わり、最後に加えるはちみつで成田屋のポテトサラダとなる。

食事の締めに、鶏のそぼろご飯

甘辛に炒りつけた鶏肉には、しょうがの香りがきいて、さっぱりといただける。しらすと海苔をたっぷりのせて、箸がすすむ一品。

第一章　長く続いてきたこと

【正月の支度】

成田屋の正月支度は暮れのお墓参りから始まります。二五日を過ぎたら、一年の締めくくりとして義妹や娘と一緒に青山墓地にある堀越家のお墓へ。まず草を抜き、掃除をします。それから墓石を洗って榊を供えます。最後にお参りを。これまでのことを先祖に感謝します。榊を供えるのは、我が家が神道だからです。

初代から八代目までの團十郎のお墓は芝の増上寺にありました。ところが墓地が火事になってしまい、九代目（一八三八〜一九〇三）が芝から青山に移したと聞いています。神道に改宗したのも九代目。もちろん、私は会ったことはありません。けれど、革新的な考えの方だったのでしょう。

お墓参りにはお正月も行きます。この時は家族全員で。年末に主人や息子が同行しないのは芝居に出ているからです。主人が亡くなってからも、お墓参りは欠かさず続けています。

一二月の興行が終わるのは暮れの二六日もしくは二七日。年が明けて二日からは仕事が始まりますから、ハワイで年越しなんて夢みたいなものです。

そして、暮れの二七日から元旦までは正月支度で、てんてこ舞いです。門松や伊勢海老をあしらった鏡餅などの手配をするのはもっと前からで、事務所のみんなも年末年始は大忙しです。

事務所は自宅のなかにあります。いまは息子が社長で、私は秘書兼総務といったところ。普段はご贔屓や後援会の方々へチケットの手配などをしています。

正月支度でいちばん時間がかかるのは、おせちをはじめとする料理の数々でしょう。おせちそのものは新橋の「京味」さんに重箱を預けて、詰めていただいたものが届きます。ご主人の西健一郎さんが直接、持ってきてくださる。それが五〇人分くらい。他に、京都からもお取り寄せをしますし、洋風のおせちも届きます。どちらも一〇人分くらいかしら。

私たちが用意するのはまぐろの刺身、ローストビーフ、カレー、ビーフシチュー。まぐろは毎年、暮れになるとご贔屓が本まぐろを送ってくださいます。

主人がいた頃は、主人がひとりでさばいていました。大きなまぐろをさく取りして、大晦日はお寿司、鉄火丼などを作り、元日には刺身にして一門のみんなにふるまいました。

息子は、そこまではやりませんけれど、お寿司は握ってくれます。

ローストビーフ、カレー、ビーフシチューをそれぞれ一二人分は作ります。お弟子さんたちは若いでしょう。おせちだけでなく、しっかりとお腹にたまるものもなくてはダメなんです。これだけの量があっても、毎年、足りないくらいだから、歌舞伎役者の胃袋は特別大きいのかもしれません。肉体労働なのだと、よく主人が言っていました。煮込み物の他にも、何かしら、すぐに出せるような食材を用意しておきます。数の子やなますなども用意します。もちろん、お餅もちゃんと買っておきます。

【大晦日の堀越家】

大晦日は毎年、午後八時頃にうちを出て、成田山新勝寺を詣でるのが恒例です。除夜の鐘が鳴り、新年になると同時に護摩焚きを受け、貫首さまからお屠蘇をいただいて、うちに帰ってきます。そう、出かける前に年越しのおそばをいただくのも毎年のことです。

大晦日に合わせて、奈良の「玄」というおそば屋さんから、打ち立てのおそばが届きます。正月に飲むお酒も玄さんが送ってくださる。玄さんの隣が造り酒屋ですから、そこのお酒を一緒に詰めてくれるのです。そうそう、辛み大根も玄さんが用意してくれます。おそばをいただき成田山にうかがうと、一年が無事に終わり新たな年が始まるのだと実感します。

元朝大護摩のたびにあらためて成田山と堀越家の深いご縁を感じています。

〈成田山と成田屋〉

堀越家の祖先は堀越十郎という武士。天正末年、甲州から成田山新勝寺にほど近い下総国埴生郡幡谷村に移り住んだ。

堀越家と成田山との縁はこの時からといわれている。十郎の孫が重蔵。そして、重蔵の息子が海老蔵。堀越海老蔵は役者となり、荒事の開祖、市川團十郎となる。

初代團十郎はなかなか跡継ぎに恵まれなかった。そこで成田不動に願をかけて、生まれた長男が二代目團十郎。不動の申し子といわれ、彼もまた成田山に参詣することが多かった。二代目は荒事だけでなく和事、実事まで幅広い芸を持っていた。隈取の様式性を完成させたのはこの二代目である。

初代は成田山への感謝を芝居にし、元禄一〇年五月に上演した『兵根元曾我《つわものこんげんそが》』では二代目が不動明王の分身を演じた。成田屋という屋号を名乗るようになったのはこの芝居の時からとされている。

【長く続いていることの意味】

成田山とのご縁が長く続いているように、市川家には代々受け継がれているものがたくさんあります。衣裳、道具、器、家具もずいぶん昔からのものが残っています。

嫁いでからいままで、そういうものを見るにつけ、市川家は長く続く家だ、伝統を大事にしなくてはと、痛切に感じてきました。

でも、その次に、ある疑問を感じたことがありました。外から嫁いできた私が市川家でやるべきことは何なのだろう……。おそらく麻央ちゃんも同じことを考えているでしょう。

実のところ、役者の女房としての重圧よりも、長く続いた家を守らなくてはならないことの方が私にとっては大きな問題でした。成田屋という名前、伝統をどうやって守っていこうか。その責任の大きさを考えると、眠れないこともありました。

多くの方は「跡継ぎを産む」ことが歌舞伎役者の女房の最大の仕事だと思われるでしょう。でも、四〇年経って、私がつかんだ答えはそうではありません。成田屋の場合、養子が市川團十郎の名跡を継いだケースもあります。主人の父、十一代目團十郎もそうでした。

私が見つけた答えらしきものは、先祖がやってきたことに工夫をプラスして次の人に伝える。

これだと思います。

長く続いていることって、形式といえば形式です。何の意味があるのかと思う方もいらっしゃるでしょう。ですが、形式、つまり形を守ることは不必要なことではありません。

形を守り、長く続けているうちにいつか心が入ってくる。そうして、心と形が一緒になった時、大事が行われる。

私は長く続いてきたことにはそれなりに意味があると思っています。ですから続けます。それが市川家の将来のためだと思っています。

【市川團十郎家】

- 初代市川團十郎 ―（略）― 七代目團十郎
  - 長男 八代目團十郎
  - 五男 九代目團十郎
    - 長女 二代目翠扇 ＝ 婿養子 十代目團十郎（追贈）
      - 養子 十一代目團十郎（七代目松本幸四郎長男）
        - 長男 十二代目團十郎 ＝ 希実子
          - 長男 十一代目海老蔵 ＝ 麻央
            - 長男 勸玄
            - 長女 麗禾
          - 長女 三代目ぼたん
        - 長女 二代目紅梅
    - 次女 二代目旭梅 ＝ 五代目新之助
      - 長女 三代目翠扇
  - 養子 新之助（のちの八代目片岡仁左衛門）

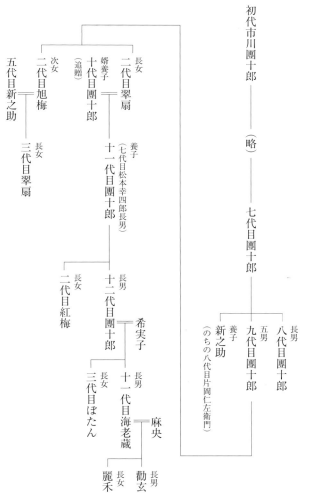

第二章　役者の女房になる

【普通の女子大生】

生まれは東京都・杉並です。一九五二年、東京衛生病院というところで生まれました。キリスト教系の、とてもきれいな病院です。花壇のある庭が美しく、当時は外国人住宅が敷地にあったと思います。二人の子どももそこで産みました。私の父は実業家で、ゴルフ場経営をやっていました。母は主婦。私は小学校から大学までずっと学習院です。言ってみれば、お嬢さまなのですが、私自身はお嬢さまという自覚はまったくありません。ひとりっ子でしたから、わがままに育ったとは思います。祖父は花柳界が好きで、歌舞伎もよく見にいっていました。私も小学校低学年の頃から歌舞伎座、新橋演舞場に連れていかれて歌舞伎を見た記憶はあります。ですが、まさかその時には自分が歌舞伎役者と結婚するなんて、まったく考えてもいません。当たり前ですよね。

大学は仏文科ですが、一年生の時に国劇部、つまり歌舞伎研究会みたいな部に入りました。でも、演技はダメ。『弁慶上使』という劇で腰元の1という役をやっただけです。セリフもなかったんじゃないかな。

私の場合、お芝居はやるものじゃありません。見て楽しむものです。

実家の母は「女の子は仕事はせずにお嫁さんになるもの」と決めていましたから、大学時代から花嫁修業に精を出していました。お茶、フラワーアレンジメント、料理と、学校にいるよりも自宅に帰ってからの方がはるかに忙しかった。お見合いも大学生の頃から何度かしていました。でも、「これ」という人には出会わなかった。

主人とのお見合いは大学四年生のときだったと思います。

間に立った人が「希実子さん、楽屋に遊びにいけばいいのよ」と言ったので、何度かお邪魔したんです。

私にはちょっと面白いというかユニークなお友達がいて、彼女と一緒に楽屋に遊びにいくことにしていました。正式なお見合いではなく、楽屋に行って、主人と話をするだけ。一方で、他の方とは正式なお見合いを続けていました。

お見合いはしていたけれど、結婚に焦っていたわけではないんです。まだ、結婚がピンとこなかった。

「白馬に乗った王子さまに出会うことができたら結婚しよう」

そんな浮世離れした考え方でした。

そういえば、私の友達、ほんとうに変わっている子で、楽屋へロボットのおもちゃを持っていったことがありました。主人に「プレゼントです」とあげたら、とても困った顔をしていて……。歌舞伎役者の市川海老蔵としてはロボットのおもちゃに対して、どう反応していいかわからなかったのでしょう。

主人は当時、十代目市川海老蔵でした。亡くなった初代尾上辰之助さん、四代目中村梅玉さんが同級生。十五代目片岡仁左衛門さんは二つ上で、七代目尾上菊五郎さんが四つ上です。まだ青年役者で、中堅にもなっていない時期でした。でも、ハンサムだから人気はあったんですよ。

その頃、テレビで白雪劇場というドラマ枠がありました。清酒「白雪」を出していた小西酒造がスポンサーだったんです。そこで主人が主演したのが『宮本武蔵』（一九七五年フジテレビ系）。佐々木小次郎の役は浜畑賢吉さんでした。つまり、うちは主人と息子がどちらもテレビで宮本武蔵を演じているんです。このドラマに出演したことで主人の名前が一般に知られるようになります。

主人と親しくなったのは大阪へ行った時のことでした。東京で一度、お見合いをしたお相手が大阪の会社員で、「遊びにきませんか？」と誘われたんです。それで、お見合いの続きということで、大阪へ出かけ、食事をすることにしました。

お見合い経験のある方ならわかるかもしれませんが、お見合いって、結構、くたびれるものなんです。しかも、大阪まで新幹線で出かけているわけだから、食事の後、ホテルに帰ってきて、そのまま寝ちゃった。そうしたら、部屋に電話がかかってきたんです。ええ、主人でした。

実は、お見合いの前に大阪の劇場に出ていた主人の楽屋を訪ねていたんです。「希実子さん、どこに泊まっているの?」と聞かれて、「ロイヤルホテルです」って答えたんです。すると、

「あれっ、僕もそこだよ」って。

それで、部屋に電話がかかってきて、「お茶でも飲みませんか?」と言われたのですが、私は化粧も落としていたし、しかも寝ぼけていたから、「今日はすみません、ご遠慮します」って、電話を切りました。

翌朝、もう一度、電話がかかってきて「朝食を一緒に食べませんか」……。即座に「はい」ってお答えして、ロイヤルホテルのコーヒーハウスで一緒に朝食をとりました。私もそうだけれど、主人も眠そうな顔をしていましたね。思えば、あの時に結婚しようかなって決めたような気がします。

結婚したのは一九七六年。主人が二九歳、私は二三歳。大阪で朝食をとってから三か月くらい後のことでした。

【ふたり住まい】

主人は一九歳の時に父親を、二九歳の時に母親を亡くしています。主人の母は体が弱くて病院を出たり入ったりしていたので、母親の作ったごはんをあまり食べたことがな

かったと聞きました。

ですから、私は主人の両親を知らないまま主人と結婚しました。

婚約していた頃ですけれど、主人と義妹は毎日のように、私の実家に食事をしにきていました。

「家族でする食事は久しぶり」と言って、おいしい、おいしいと食べていました。ただ、その時の料理は私が作ったものではありません。まだ私自身、料理はほとんどできない頃でしたから、母が作ったものを出すだけでした。

私の母は昔から料理が上手でした。でも、なぜか洋風のものばかりなんです。バスク風鶏の煮込み、クリームシチュー、カレー、ビーフシチュー。

もっと、おふくろの味のような和食を作ればいいのに、洋風料理ばかり出すんです。それでも、主人は食べ物に好き嫌いがないから、まったく文句を言わない。

美食家なんでしょうけれど、高級料理が好きなわけではないのです。とてもおおらかな人でしたし、物事に動じないタイプでした。そこが好きでした。だから、結婚を決めたのだと思います。

結婚式は一一月二七日でした。私たちだけでなく、歌舞伎役者の結婚式は月の終わりです。毎月、二日とか三日から二五日間は芝居があるでしょう。芝居が終わって、皆さんが空いていそうな日を選ぶわけです。ですが、末日にはなりません。翌月のお稽古で忙しくなるからです。

結婚式を挙げて、夫婦になってからは狸穴町《まみあな》（現在の港区麻布台）の賃貸マンションに暮らしました。主人は毎日舞台で、私は留守番です。

ただ、主人のいない間に、歌舞伎役者の女房がやることを勉強しなくてはならない。新婚時代を楽しむなんてことは一切、ありませんでした。先生役は長年、成田屋に勤めていた番頭さんと義妹。それから、先輩のおばさま方に会いにいって、心得をうかがう。

何しろ結婚前は、梨園とはまったく関係のない普通の女子大生ですから、右も左もわからないわけです。うちでユーミンの歌を聴いていたら、番頭さんが変な顔をしたり……。主人もユーミンを知らなかったから、今度は私が驚いたりして……。

そんな状態なのに、すぐ正月支度が始まりました。本当にどうしていいかわからなくて……。おせちだって、実家のそれも作ったことがないわけです。しかも、賃貸マンションでしょう。キッチンも広くはありません。だいたい、稽古場もなければ事務所のスペースもない。元日の朝、お弟子さん、番頭さんたちが二〇人ぐらいどやどやとやってきて、うちのなかにみんなで座るわけです。

いったい、どうやって座ったのか不思議なくらい。なかには廊下に座っている人もいて、主人が「おめでとうございます」と挨拶をしたら、お弟子さんは廊下で「おめでとうございます」と返していました。

主人は私に「希実子さん、ひとりずつにお年玉をあげなさい」って。用意しておいたお年玉を私がまじめな顔をして、「おめでとうございます。今年もよろしくお願いします」と渡すわけです。

お屠蘇はみんなで回しました。マンションの一室で、肩を寄せ合ってお屠蘇を飲んだのは初体験でしたね。

おせちはすべて私の母が作ってくれました。私にはできないだろうと思って、用意してくれたのです。それをみんなでいただきました。お屠蘇をいただいたら、主人と私は先輩役者さんなどのお宅へ年始のご挨拶に行きます。何かバタバタとしているうちに最初のお正月は終わりました。

新婚時代が過ぎて、子どもが大きくなり、息子が仕事を始めるようになってからは、主人と息子がふたりでご挨拶に行くようになりました。私はうちに残るのが役目です。挨拶に来てくださる方の応待をするのです。

新婚時代、まだ成田山の元朝大護摩には行っていませんでした。数年してから、主人が「行こう」と言いだして始めたことです。成田屋に長く続く伝統に、新しい工夫を加えたといっていいでしょう。

【成田屋の正月】

お正月の話に戻ります。元旦は家族と一門は一〇時に集まっていました。お屠蘇を飲み、乾杯した後、おせちやローストビーフを食べる。シャンパン、ワイン、ビール、日本酒、ウイスキーを夜までずっと飲んでいます。なかにはできあがっちゃうお弟子さんもいて、ケンカはしないけれど、芸のことで言い合いになったり……。

一月二日、あるいは三日からは正月興行が始まりますが、夜遅い時間になることもあります。残ったおせちはみんなで分けて持って帰ってもらいます。

みんなが帰って静かになったら、家族の時間。あんこう鍋もしくはたらちり、ぶりしゃぶなどを作って食べました。

元日の夜に鍋物を食べるのは主人がいた頃の定番でした。

あんこう鍋はあんこうを湯引きしたものを魚屋さんが持ってきてくれます。鍋に入れる具はにんじん、しいたけ、春菊、白菜、ぎんなん、こんにゃく。野菜類は茹でておきます。だしはちょっと甘めにしたもの。そうそう、うども入れていました。

鍋の作り方にしても、他の料理にしても、姑から習ったものはありません。長く続いたレシピがなかったので、いまの成田屋の味は主人と私で作ったものです。

ふたりで外へ食べに行った時、おいしいと思ったものを自宅のキッチンで再現したり。これ、みなさんもそうじゃないかしら。

メインの料理だけでなく、付けあわせの野菜や箸休めの作り方を聞いて、メモして帰ってきます。

それで言えば、うちのあんこう鍋は銀座の「はち巻岡田」と名古屋の「得仙」のふたつの鍋をアレンジしたものといえます。

「はち巻岡田」のあんこう鍋はオーソドックスで、だしは関西風。「得仙」のあんこう鍋は具が豪華で、伊勢海老と牡蠣が入る。

はじめは「伊勢海老とあんこうが合うのかしら」とちょっとためらったけれど、食べてみたら、もう絶品。

ありがたいことに、暮れからお正月にかけてたくさんのいただき物をします。伊勢海老だったり、まぐろだったり、ぶりだったり。れんこん、大根もいただきます。とれ立てですから、スーパーで売っているものとは鮮度が違います。

新鮮な魚と冬の野菜をいただいたら、どうしたって、「鍋にしよう」となってしまいます。

【はまぐりと豆腐の小鍋】

うちの定番の鍋料理といえば、はまぐりと豆腐の小鍋です。はまぐりの時期になると必ずやります。

主人がいちばん好きな鍋でした。うれしそうな顔で、「はまぐりか。じゃあ、今晩は酒だな」って。役者みたいな声で言っていました。まあ、役者なんですけれど。

ふたりで食べるとして、はまぐりは三つずつ。簡単です。はまぐりはきれいにしておくこと。だしは昆布だしで、日本酒を少し入れます。だしが沸いたら、はまぐりを入れてことこと煮ます。豆腐は一丁用意します。うちでは絹漉しを使っています。

主人は次のように食べます。

小鉢にはまぐりを一個取って、豆腐も入れる。それから「希実子、とろろ昆布を持ってきて」。

はまぐりと豆腐にとろろ昆布をのせて、ポン酢をかけるかすだちを搾る。味が薄かったら、ちょっとおしょうゆをたらします。

鍋自体の味付けは塩だけで、それもほんの少し。はまぐりから塩分が出ますから、あまり入れない方がいいんです。最後は雑炊にして、小口に切ったねぎと黒こしょうを散らす。雑炊に卵は入れません。はまぐりのだしを楽しむ鍋ですから。

何度も同じ鍋を作っていますから、料理屋さんができるくらいの腕になりました。「老後は、はまぐりと豆腐の鍋だけを出す料理屋をやろうか」と本気で話したくらいです。

思うに、家庭で作る鍋物って、初めての時はたいてい失敗します。レシピ通りにやっても、どこか物足りない。具を替えたり、量を増やしたり減らしたりしているうちに、その家の味になっていくのではないでしょうか。

はまぐりと豆腐の鍋は主人が池波正太郎さんのエッセイを読んで、「これをやってみよう」ということで始めたものです。最初のうちは雑炊に卵を入れたりしていたけれど、だんだんいまの形になって、成田屋の味になりました。

うちの家族はみんなおいしいものを食べるのが好きです。そして、好みも同じ。主人、息子、娘の誰もがシンプルがいちばんいいと言っています。

特に主人はそうでした。焼く、煮る、もしくはお刺身。ごてごてと調理したり味付けしたりしたものは好きではありませんでした。けれど、にんにくは大好き。かつおならお刺身でもたたきでもにんにくのスライスをたくさんのせなければダメでした。ステーキでも、とにかくにんにくがないとダメ。うちの食卓でも肉を焼くときはにんにくチップをそれこそ山のように作らなければなりませんでした。

外食も主人が病気になるまでは行きました。好きは好きでした。でも、ふたりで行くのは二週間に一度くらいのものです。

一年中舞台に立っているわけだから、やはり家で食べる方がリラックスしたんでしょう。ほぼ一〇年間、闘病したのですけれど、病気になってからは疲れて、出かけていくのがいやだったのだと思います。

第三章　役者の女房の仕事

【二四時間が仕事】

結婚してから主人が亡くなるまで、私たち夫婦はいつも同じ部屋で寝ていました。そして、寝ている間も、役者の女房の仕事は続くのです。

夜中に主人が咳払いしたとたんに私は目が覚めてしまいます。

「大丈夫？　風邪ひいたの？」

目が覚めたらすぐに起き上がって主人の掛け布団を直していました。

咳が続いたりしたら、もう大変。気になって眠れない。役者の女房ってそんなものですよ。

二四時間体制で、主人の声、顔色、体調を見ていました。役者の女房は他の誰よりも、役者の近くにいる人間です。私が主人の体調に気がつかずに、風邪をひかせたとしたら、まわりの方々に申し訳が立ちません。

幸い、主人は病気になるまでは頑丈な人でしたから、舞台を休んだことはありませんでした。体調の管理は役者本人だけではなく、女房の仕事でもあります。

そういえば、主人と結婚して、番頭さんからいちばん最初に言われたことは「健康」でした。何があっても仕事を休んではいけないということ。でも、これは役者に限ったことではないかもしれません。旦那の体調を気遣うのは女房の仕事。というより、自然のうちにそれができないと、結婚生活も続かないのではないでしょうか。

結婚した当時は番頭さんからずいぶんと叱られました。

「あなたは歌舞伎の世界のことをわかっていない」

「役者には余計なことを聞かせるな」

「トラブルやクレームがあっても、できるだけ女房のところで止めて解決する」

「役者が隠しておきたいことにはあまり口を出すな」

あの頃は「いじめられた」と陰で涙を流したこともありましたけれど、今になって思えば番頭さんも私のことが心配だったのでしょうね。若かったから、主人とふたりで映画を見にいって、ディスコで踊っていたりしていたのだから。

いずれにせよ、その時、言われたことは歳を取るにしたがって、なるほどと感じるようになりました。役者にはとにかく芸に集中してもらうことが大事なんです。耳に入れるべきことと、そうではないことを自然に判断できるようになったら一人前ということなのでしょう。

主人も最初のうちはなかなか私の意見を聞いてくれませんでした。でも、大病してから変わりましたね。なんでも聞いてくれて、「お前が思う通りにやりなさい」と言ってくれるようになりました。

【朝ごはんから仕事が始まる】

主人は昼の部から出演する時は、朝の八時すぎに起きていました。出番が遅いと九時、九時半起き。私はそれよりも早く起きて、食事を作る。もう、結婚してからずっとそうでした。

朝ごはんは和食か洋食かでメニューが変わります。和食の時は鮭を焼いたり、あじの干物だったり。それに納豆と漬物を添えます。たまにステーキを焼くこともありました。身体が欲するんでしょう。「肉を食べよう」と言っていました。

洋食の時はパンと目玉焼き、ベーコンとサラダ、それにトマトジュースかにんじんジュース。

和食か洋食にするのかは、私が前の夜に「どっちがいいの?」と聞いておく。それで、「ご飯」と言ったら、和食を作る。朝は必ず食べます。これは息子も一緒でした。前の日にお酒を飲みすぎたりしたら、ご飯を残すこともありましたけれど、主人も息子も朝ごはんを抜くといったことはありません。何かしら、口に入れてから舞台に出ます。

朝ごはんを終えると、着替えをして劇場へ出かけていきます。洋服で行くことが多かったです。

洋服は私が選んだものをそのまま黙って着ていました。洋服に関しては趣味があったわけではありません。靴だけはベルルッティと決めていました。

仕事の後にお呼ばれがあるとか、何かご挨拶をする時は、和服で出かけることもありました。

和服は自分で選んでいました。呉服屋さんは二軒あって、昔からの呉服屋さん、そして、私の実家がつきあっていた店です。

主人は、昼は軽食にしていました。歌舞伎座でも他の劇場でも、自分の楽屋がありますから、買ってきたお弁当、もしくは出前を食べます。

建てかえる前の歌舞伎座の楽屋は一〇畳くらいの広さです。新しくなってからは次の間とバス、トイレもついています。ビジネスホテルよりちょっと広い程度ですね。楽屋はどこでもそうですけれど、火を使ってはいけないから、煮炊きをすることはありません。それで出前のものを食べるのです。

主人の場合は歌舞伎座でしたら、「銀之塔」のシチュー、「ナイルレストラン」のカレー、「ヤンヤン」のラーメン、そして、お寿司。それぱっかり。でも、たくさんは食べませんよ。また、演目によって食べる時間を変えていました。

たとえば『勧進帳』だったら、始まる一時間半前に必ず食べ終えるようにしていました。体力を使う芝居ですし、衣裳をつけたり、化粧をしたりするのに時間がかかるから、早めに食べて準備を始める。弁慶を勤める場合でしたら、毎日、サンドウィッチくらいしか食べませんでした。

私が劇場に行くのは主に初日、中日、千穐楽。ご挨拶に立つだけで、楽屋に行かないこともありました。主人が亡くなってからは息子の初日に行ったりしています。

夜、帰ってくる時間はその時の役によって違います。早めに出番が終われば午後七時には帰ってきますが、夜の部の最後まで出ると、帰りは午後十時を過ぎます。仲間と飲みに行ったり、お客さまと食事の会があればもっと遅くなります。

夕食は、早い時間でしたら一緒に食べますが、遅い時間だと主人がひとりで食べて、私はお酒、ワインをつきあう。ふたりで向かいに座るのではなく、ダイニングのテーブルに横に並んで座るんです。子どもたちが小さかった頃、夫婦の向かいには息子と娘が座っていました。そうやって食べていたのが、ふたりが大きくなって、いなくなっても、そのままにしているのです。

これ、変でしょうか。他のお宅ではどうしているのでしょう?

他人が見たら、おかしな並び方かもしれませんね。でも、うちはずっとそうでした。

夕食はとくに変わったものはありません。和食だったり、洋食だったり。酒のつまみだけという日もありました。

時にはステーキを焼いたり……。主人は肉がほんとうに好きだったんです。

ステーキ、とんかつ、お寿司、イタリア料理が主人の四大好物。

主人が感動して食べていたのがバジルのパスタかな。「キャンティ」（イタリア料理店）のスパゲティ バジリコみたいなもので、生のバジル、大葉、パセリの三種類をみじん切りにして、オリーブオイルで和えたもの。それでふたりでワインを一本、空けたと思います。そうそう、主人は歌舞伎座の横にある「ＹＯＵ」という喫茶店のスパゲティナポリタンが好きでした。昔風のケチャップで和えたスパゲティ。アルデンテではありません。「そこがいいんだ」って、言っていましたけれど……。イタリア料理といっても、そんなに難しいものは好きではありませんでした。

【妻の仕事はご挨拶回り】

役者の女房として、私の仕事は大きく分けるとふたつあります。家庭を守ること、そして、事務所の手伝いをすること。

家庭の方は主人の身のまわりの世話、体調管理。加えて、子どもを育てることでしょう。これは普通の奥さんと同じ主婦業ですね。

事務所の手伝いはその家によって違いますが、成田屋の場合、つまり私は事務や経理はやっていません。それは昔から番頭さんや事務所に勤めるスタッフの仕事です。

私がやらなくてはいけないのはご贔屓、他の役者さんたちへのご挨拶でしょう。

まずは年始のご挨拶。これは主人や息子が元日に回るものとは違います。私が行くのはご贔屓のお宅です。

着物を着て、お年賀を用意して、松の内に回ります。

ご挨拶は玄関で。

特に気をつけるのは京都です。お宅を訪ねても、上がることはありません。

お嫁に来た頃、番頭さんからきつく言われました。

「希実子さん、京都のご挨拶は気をつけてください。『お上がりやす』と言われても、三度誘われるまでは絶対に上がってはいけません。いえ、三度、誘われてもやめておいてください」

強烈な思い出です。

次は劇場でのご挨拶。東京でしたら、歌舞伎座、新橋演舞場、国立劇場などです。地方へ行くこともあります。ロビーなどで、観劇に来てくださったお客さまにご挨拶します。

劇場でのご挨拶は開演前や幕間に行います。ご挨拶が済んだら帰りますが、初日などには主人の芝居を見ることにしていました。いまは息子の芝居を見ています。

主人には初日、帰ってきて必ず、「どうだった?」と感想を聞かれました。

専門家ではなく、素人の観客として面白いかどうかを確かめたかったのでしょう。

退屈しなかったか、声が聞こえないことはあったかなどをさかんに気にしていました。

私が座るのは後ろの席なんです。ですから、一般のお客さまと同じ感想を持つことができるわけです。

私は主人には思った通りのことを言っていました。声が聞こえにくかったら、ちゃんとそう伝えました。それ以上の「演技がこうだった、ああだった」みたいなことは言いませんでした。

このことは私、結構、大切なことだと思っているんです。私自身は役者ではありません。偉そうなこと、専門的なことはうちの中でも外でも言わない。聞いた人はげんなりするんじゃないでしょうか。だって、プロ野球のピッチャーの奥さんがカーブやフォークの投げ方を話すのはおかしいでしょう。それと同じことです。

役者の女房というと、歌舞伎座で着物を着てニコニコしながら立っているだけに見られるのですが、実際はそうではありません。

主人はいつもお客さまのことを考えていました。ただ、劇場に足を運んでくださる方や応援してくださる方にお会いして、直接お礼を述べる機会はほとんどありませんでした。ですから、私ひとりがご挨拶するというより、主人の感謝の気持もきちんとお伝えできるように、努力してきたつもりです。

結婚した頃は主人も若かったし、ご贔屓も少なかった。それで、後援会を始めて、方々へご挨拶にうかがっていくうちにやっと大勢のお客さまが劇場に足を運んでくださるようになりました。家族みんなで成田屋を盛り立ててきました。

【楽屋へもご挨拶】

主人が芝居に出ているときは、楽屋へもご挨拶にうかがいました。ただ、役者の女房が楽屋挨拶をするのは昔からの慣例ではありません。

戦前、女は舞台に上がれませんでしたし、楽屋にも入れませんでした。完全に出入り禁止だったのです。

私は初日と千穐楽に主人の先輩にあたる方々の楽屋にうかがい、初日でしたら「初日おめでとうございます、どうぞよろしくお願いします」とご挨拶をしていました。それには主人とではなく私ひとりでうかがいます。

若かった頃の話ですけれど、一度、主人が挨拶を欠いてしまって、先輩の方からお叱りを受けたことがありました。千穐楽のご挨拶にうかがったら、その方がすでに劇場を出てらした。そのままにしておいたら、「礼儀を知らない」と怒られて、主人はその方が出演している名古屋の劇場まで謝りに行きました。

歌舞伎の世界はそれくらい、挨拶に関しては厳しい世界です。結婚した時、主人、番頭さんから言われて、いちばん緊張したことでした。ですから、挨拶、礼儀は欠かせません。

【教えていただいた時はその方のご自宅へ】

芝居や踊りのお稽古をつけていただいた時は初日が終わった後、その方のご自宅へご挨拶に行きます。これは教えていただいた役者本人がうかがいます。女房がついていくことはありません。ただ、結婚した年に一、二度だけついていきました。

役者は着物もしくは背広を着て、必ずお礼の品を携えていく。女房の役目はお礼の品物を整えること。私は一緒に行った経験があったので、それはよかったと思います。どういうふうに挨拶が行われるかがわかるので、持っていく品物を選ぶときの勉強になりました。千穐楽の夜にもあらためてご自宅へお礼にうかがいます。

楽屋にご挨拶に行くのは「一緒に出演できて光栄です」というお礼で、あらためてうかがうのは、教えていただいたことに対するお礼です。

ふたつを一緒にすることはありません。あくまで別々のことに対するお礼なのです。お稽古をお願いしに行く時にも「よろしくお願いします」とちょっとしたものを持っていきます。この場合はお菓子が多かったです。

そうした時、電話でアポイントを取らないことがあります。丁寧な方は「電話では失礼だ」と考えるのでしょう。主人も直接、おうかがいしてお稽古をお願いしていました。「この時間ならいらっしゃるな」と思った頃に、ご挨拶にいくわけです。もし、お出かけされていたら、何度でも出直します。

うちにも、芝居を習いに来る方がいらっしゃいます。例えば、「こんど『勧進帳』をやらせていただきますので、弁慶のお稽古をつけていただけないでしょうか」

連絡があったら、主人は「いつ頃がよろしいでしょうか」とまず相手の都合を聞きます。そして、うちに来ていただく。稽古は一対一で始まります。

稽古はだいたい三回ぐらいでしょうか。一回が二時間程度で真剣なものですから、私は見たことはありません。

最初は主人が座って見ていて、途中からは一緒になって演じる。うちの主人は教えるのが好きで、相手の方と話をしながら、いろいろ工夫を考えていたようです。

そうして、稽古が終わり、舞台の初日が開く。すると、その日の夜にお礼に見えることがあります。

「ありがとうございました」と。

主人は時間があればその方の芝居を見にいっていますから、感想を言うこともありました。根がまじめなんですね。教えるのが好きで、確認するのも好き。

歌舞伎についてもいろいろ研究して、その話をまとめて他人に話すことも好きでした。

先ほども述べたようにお稽古をお願いしたときのお礼を用意しておくのは私の役目でした。

稽古は役者の間ではよくあることですから、他のみなさんがお礼に持っていっているものも耳に入ってくるんです。

どこそこのローストビーフが好評だと聞いたら、それを買いにいくこともある。

お礼の品物を考えるのは大変なことですけれど、私は嫌だと思ったことはありません。いただき物をして「いいな」と思ったら、すぐにどこで売っているのか調べて注文します。贈り物情報にはくわしいですよ、私は。

【お弟子さんの世話】

主人には延べ十数人のお弟子さんがついていました。舞台はひとりではできませんから、役者にとってお弟子さんは芝居を教える生徒でもあり、芝居を支えてくれている共演者でもあります。

私にとっては家族みたいなものじゃないかしら。

昔は住み込みの人もいましたが、いまではみんな通いになっています。

お弟子さんがやることの第一は稽古。それぞれ役者を目指して入門してきたわけですから、稽古は東京にいる限りは必ずやることになっています。ただ、お弟子さんがやることは稽古だけではありません。着付け、小道具の用意など多岐にわたります。

役者に衣裳を着せるのはお弟子さんの仕事。衣裳さんと協力し合いながら行っています。出の前だから、主人も気が立っていたし、邪魔になるので、私は本番前に楽屋に入るのは遠慮していました。芝居が終わった後に楽屋に行くことはあっても、着付けの時は行きませんでした。

お弟子さんと一緒に食事をするということは主人はしませんでした。仕事が終わったら、早く家へ帰してあげようというポリシーの人でしたから。ですから、お正月などの特別な時以外彼らがうちにきて、食事をすることもありませんでした。

主人は毎月のように舞台に出ていたので、お弟子さんたちも忙しかったと思います。お弟子さんは舞台に立つだけでなく、主人が演じている時は黒衣の衣裳を着て、舞台袖で待機しています。何かあった時のための備えでもありますし、近くから演技を見るのも稽古です。

お弟子さんとの関係において役者の女房がやることといえば、主人の補佐役です。主人とお弟子さんの間に立ってコミュニケーションを円滑にしたり……。ほら、行き違いとかあるでしょう。そんな時、お弟子さんから「旦那に伝えてください」と言われることがあるんです。そういう時は間に立ちます。それ以外でしたら、子どもが生まれた、学校に入ったといったお祝いをすること、そして、たまに差し入れ。劇場に行ったら、必ず顔を合わせるわけですから、お弟子さんたちの近況を聞いたりもします。

差し入れなどは公演の中日前後が多いです。初日、千穐楽は忙しいから無理です。差

P73に続く

成田屋の食卓

四月、五月、六月

自宅の庭先には、海老蔵さんが小学校入学の時に植えた桜が三十数年経って大木になっている。屋上から眺めると、間近に花見が楽しめる。毎年、花見の季節になると友人知人を呼んで満開の桜の下でシャンパンパーティを催すのが恒例の行事になった。今年も希実子夫人の友人たちが集まった。「成田屋通信」にこう書かれている。「お庭の桜が満開になりました　今年の桜は、花びらがふっくらとして、ボリューム感があります。夜桜がことに美しいです」

團十郎さんの魚好きは有名である。パリ公演の時、友人が現地で手に入れたまぐろを、宿泊していたホテルの厨房でさばいて、皆にふるまったという逸話が残る。本人名入りの包丁も二本持っている。特に好物はまぐろ。寿司屋さんでも注文するのは、もっぱらまぐろだった。まぐろを塊で取り寄せ、刺身をこしらえるほど、包丁さばきも手馴れていた。同様に鯛も一尾で手に入れ、上手に三枚におろした。

Pérignon

屋上に広がる満開の桜

夕暮れの光の中でシャンパンを片手に満開の桜を愛でる、至福の時である。

タイ風春雨サラダ

シャンパンを楽しんだ後は、階下のリビングに移動。テーブルを華やかに彩るのは爽やかなタイ風春雨サラダ、ヤムウンセン。

パーティに添える、簡単レシピ

きゅうりの酢の物

簡単に作れるものとして紹介してくれた酢の物。希実子夫人が愛用する和歌山の丸正酢醸造元の「寿しの酢」で和えれば、味のバランスもよくできあがる。

きんぴらごぼう

きんぴらごぼうは、パーティ料理によく登場した。その時の料理に合わせ、あっさりとしたサラダ感覚で仕上げたり、白ごま、黒ごまで変化をつけたり。

豆腐としらす、枝豆の和え物

海老蔵さんも好きな料理である。ゆでた枝豆の薄皮を丁寧にとり、口当たりよく仕上げている。

鶏のから揚げ

子どもたちが小さい頃によく作ったもので、「ごく普通のから揚げですよ」と言うが、鶏肉には前の日から塩やにんにくなどをすり込んで味を染み込ませている。

團十郎さんが好きだった魚

いちばんの好物がまぐろ。そして鯛。大阪で行きつけだった寿司屋のご主人から贈られた刺身包丁を使い、塊で仕入れたまぐろや、丸ごと一尾の鯛をさばくのが楽しみなほど無類の魚好きだった。

大阪の包丁店、堺一文字光秀の銘が入った刺身包丁には、市川團十郎と刻まれている。築地の包丁店・築地正本の牛刀にも団十郎の名入れがあるほど、包丁には愛着があった。

まぐろの刺身

たっぷり食べたいからと、朝から自分でさばき、刺身を作ることもあった。

鉄火丼

とにかくまぐろが好きだった團十郎さんは、鉄火丼を作る時もまぐろを二重に重ねて盛り付けるほどだった。

まぐろの混ぜ寿司

希実子夫人が友人の家にお呼ばれした時に出された、たこの混ぜ寿司がヒント。團十郎さんが好きなまぐろで作ってみたら好評で、成田屋のレギュラーメニューとなった。

鯛のカルパッチョ

鯛を薄切りにするのは團十郎さんの仕事。綺麗に飾られたうにと芽ねぎの上からソースをかけ、うにが崩れるくらいに混ぜ合わせることで、一体化した絶妙なおいしさとなる。

鯛の兜蒸し

一尾の鯛をおろした後は、頭を半割りにして酒蒸しに。頭とカマ（胸ビレの部分）は魚のいちばんおいしいところであり、魚好きにはたまらぬ一品である。

鯛茶漬け

炊き立てのご飯に刺身をのせ、鯛の半身分のアラからだしを取った熱々のスープを注ぐ。ごまみその風味が食欲をそそる。

きんきの中華風蒸し物

これがあれば團十郎さんはニコニコだった。中華料理の本を見て作ったところ、おいしさに團十郎さんが大喜びして、それ以来ベストメニューに加わった。

し入れのお弁当はボリュームのあるものですね。焼肉弁当、カレーならとんかつも付ける。肉体労働だから、みんな、お腹がすいている。品のいいお弁当を差し入れても、ブーイングされます。ですから、とにかく量をたっぷり。

役者といっても、お弟子さんがいると会社の経営者みたいなものですよ。自分の芸だけを考えていればいいわけではなく、一門の将来についてもプランを持っていなくてはならないのですから。

お弟子さんだけでなく、事務所のスタッフ、加えて衣裳さんや床山さんといった方たちを招く食事会もあります。地方公演の時が多いのですが、全員で三〇人くらいかな。みんな一緒に食事をします。

よほど楽しいらしく、飲みすぎる人も出てくるようです。この時はお弁当ではなく、レストラン、ご贔屓筋の料亭を借り切って行います。若い人が多いから、料亭といっても格式の高いところではなく、量が多いところ。私が電話して、「すみません、これくらいの値段でやっていただけるとありがたいです」とお願いしたり。主人はその後、二次会へみんなを連れていく。

【ご贔屓とのおつきあい】

新婚時代は番頭さんに言われて、ご贔屓には私か番頭さんがチケットを届けていました。いまは宅配便もありますし、まず届けにいくことはありません。

ご贔屓といっても、チケットをたくさん買ってくださる方ということではありません。応援してくださる方たちはみなさん、ご贔屓です。後援会に入ってくださる方ももちろん、ご贔屓です。ご支援くださる企業様、まだチケットが売れない頃からずっとお世話になっている皆さま……、感謝しても、し足りないくらいの方がたくさんいらっしゃいます。主人や息子が舞台で仕事ができるのはやはり、ご贔屓、お客さまがいらっしゃるからだと、主人はいつも言っていました。

成田山新勝寺の貫首さまにも、主人が若い頃からずっとお世話になっています。

主人が亡くなった時、「頑張らなきゃだめだよ」とざっくばらんに声をかけていただいて、とても心強かった。息子の事件の時は「ちゃんとしなさい」とお叱りをいただきましたが、先日「いろいろあるけれど、一生懸命、頑張ったたな。海老蔵は男だ」とおっしゃってくださいました。いちばん頼りにしている方です。やはり成田山あっての成田屋なんですね。

ご贔屓とは別に、ありがたいのが芝居の感想を言ってくださる方たち。主人は専門家の劇評よりも、一般の方のご意見、そして、専門家よりも芝居に詳しい方のお話に耳を傾けていました。

主人は武者小路千家の先代お家元（有隣斎徳翁）の劇評を「日本一」と言っていました。

お家元は芝居を見た後、必ず手紙を送ってくださいました。便箋に五枚くらいびっしり書いてあって、ただほめるだけではありません。

「あの演技の心情はどういうものでしたか？」

そんな質問が書いてあります。しかも、主人が工夫したところを鋭く突いてくる。とても歌舞伎がお好きで、『助六』の時は河東節《かとう》の御連中にもお入りになりました。

お家元がお亡くなりになって、ご出棺の時、河東節の『助六』で送られたのを思い出します。歌舞伎のお好きな、やさしい方でした。


〈河東節〉

河東節は享保二年（一七一七年）に十寸見河東《ますみかとう》が創始して広めた浄瑠璃。十寸見河東は初代江戸半太夫の門弟で、半太夫節を改良したと伝えられている。

歌舞伎にはさまざまな音曲が用いられるが、市川團十郎が『助六由縁江戸桜』の助六を演じる際、河東節は無くてはならない伴奏音楽である。河東節を守ってきたのは主として富裕階級の旦那衆だった。そこで、劇場は彼らを厚遇して、舞台上に出ることを了承したという。

團十郎、海老蔵が演じる時、河東節御連中は舞台の御簾《みす》内に入る。この時の御簾は客席からも透けて見えるようになっており、独特の空間を作り出している。

ご贔屓などへのご挨拶は、少しずつ若い人たちに伝えていこうと思っています。長く続いていることを次の世代に引き継ぐのも役者の女房の役目ですから。

【チケットの手配など】

成田屋ではチケットの営業は事務所のスタッフが主体となってやっています。売るというよりも、ご注文いただいたものを手配するというのが正確な表現かもしれません。公演のご案内をするときは「チケットを買ってください」ではなく、「主人のここを見てください」と言うようにしていました。お客さまと長く続く関係を築くにはお願いではだめです。やはり、情報だと思います。歌舞伎と成田屋の情報をしっかりと伝える。

これはすべて主人が言っていたことの受け売りです。だって、私はお嫁に来るまで歌舞伎の世界のことは何も知らなかったのですから。小さい時からのんびりと育ってきただけ。ほんとうに何もわからなかった。でも、私ができたのだから、誰がやってもできると思います。

楽屋にいらしてくださった方に何か手土産をいただいた場合は、お返しに手ぬぐいや記念品を差し上げることにしています。成田屋グッズですね。そういったお返しの品は楽屋と受付に用意しておくことになっているのです。袱紗だったり、最近では名刺入れやクリアファイルを作りました。実はそういうグッズを開発するのも私の仕事です。

「仕事が多くて大変ですね」と言われますけれど、やってみるとこれは楽しい。子育てで忙しかった時でも、何かクリエイティブな仕事をしていると、時間を忘れてしまいます。料理でも新しいメニューに挑戦したり、着物のデザインをしたり。ルーティンの仕事がたくさんある時ほど、新しいことを考えることは大切です。私はそう思うのです。

第四章　次世代に伝える

【麻央ちゃんに会った時のこと】

主人も私も麻央ちゃんのことを知ってはいました。テレビで見ていたからです。それが、確か七年前のこと。ある日突然、息子が「今日、空いてる?」と聞いてきたんです。

「うん、空いてるわよ。何?」

そうしたら、「おやじとおふくろに会わせたい人がいるから連れてくる」……。

あっ、そうなんだとぴんときました。つきあっている人を連れてくるんだなって。

「ひとつ忘れた」

息子が私に言うんです。

「おふくろ、うちのなか、きれいにしておいてね。ちゃんといい服着てね」

二〇〇九年の秋だったと思います。

その日の夜に連れてきたのが麻央ちゃん。

「小林麻央です」

お辞儀が深々としていました。

横から息子が「つきあっていきたいと思っています」って。でも、ふたりとも、すでに結婚を決めていたようです。麻央ちゃんは黒いワンピースを着ていてほんとうに可愛かった。主人も私もびっくりですよ。

実は、テレビを見ながら、「こういう人がお嫁さんならいいわね」と話したことがあったのです。

まさか、ほんとうに麻央ちゃんだったなんて……。主人もニコニコしていました。その時、食事はしていません。挨拶に来ただけでした。

まじめで、一途で、一生懸命な人です。一生懸命だから頑張りすぎてしまうところがあります。

ふたりで挨拶に来てから結婚までは早かった。あれよ、あれよという間でした。

結婚式と披露宴（二〇一〇年七月二九日）には一〇〇〇人以上の方が来てくださいました。入籍はその前でしたから、ふたりはもう、うちの近所で暮らしていました。

結婚式の前に一度、ふたりがごはんを食べにきて、主人、私、娘と五人で食卓を囲みました。

和食のお惣菜を何品も出しました。

麻央ちゃんから「堀越家の料理を教えてください」って言われたけれど、「何にもないのよ。好きなものを作ればいい」って答えたの。だって、私自身普通の女子大生から嫁いで、姑もいなかったわけだから。「堀越家の料理なんて何もないのよ。緊張しなくてもいいの。私だって料理なんてまったくできなかったのだから」

そう言ったら、真ん丸な目になって「ほんとうに？」って。

「ほんとうにそうなのよ」

少しは安心したみたいでしたね。

彼女は「料理は得意じゃありません」って言っていました。

学生時代からずっと仕事をしてきたのだから、仕方がないと思います。

「教えてください」と言われてから、何度かうちでふたりでキッチンに入りました。まだ麗禾《れいか》も勸玄《かんげん》も生まれていなかったから、比較的、時間が取れたのだろうと思います。

教えたのはやはりこまごまとした和食。そして、鍋料理。とくに話をしながらではなく、まじめに料理の作り方だけを伝えました。

「役者の家は奥さんがいろいろなことをしなくてはいけないから大変よ。でも、私にできたのだから、麻央ちゃんなら大丈夫」

そんな話をしたかな。彼女、笑いながら聞いていました。

そして、作ったものを持って帰っていましたね。新婚だからふたりで食べていたんじゃないかな。

いまでも「多めに作ったから食べて」と電話すると、お手伝いさんが取りに来ます。うちが近所だから普通のことだと思います。持っていくのは筑前煮、ロールキャベツ、ローストビーフ、シチューみたいなものです。

【麻央ちゃんの子育て】

麻央ちゃんはお茶を習っていました。着物の着付けも上手でしたし、礼儀は正しいし、姑として教えることなんてないんですよ。

麻央ちゃんは子どもが大好き。息子もふたりの子どもの面倒をよく見ている。ふたりを遊園地に連れていったり、食事に出かけたり。ちょっとした暇を見つけては麗禾とふたりで出かけたり、時には勸玄と遊んだり。

ほんとうによくやっています。

私もふたりの孫をディズニーストアやデパートの屋上へ連れていって、遊ばせています。

麗禾と勸玄は私のことを「ナナちゃんばあば」と呼びます。

ナナちゃんというのはうちで飼っているゴールデンレトリバー。ナナちゃんのおばあちゃんだから、ナナちゃんばあばなんでしょうね。

一緒に寝るよりも、ふたりが好きな食べ物を作ってあげる方が私は楽です。ふたりともなんでもよく食べる。ただ、少しアレルギーがあって、時に食べられないものがあります。それでも、よく食べる方ですよ。思えば、私が息子と娘に食べさせていたものと同じ料理が好きなんです。ハンバーグとかおにぎり、ホワイトシチューとか。やっぱり成田屋の子どもなんです。

第五章　成田屋の食卓

【成田屋を継ぐ】

主人は「父親から直接教えを受けた演目は『勧進帳』の弁慶、『寺子屋』の松王丸だけだった」と言っていました。あとは先輩の方々を訪ねて、稽古したのです。

先代の権十郎さん（三代目河原崎権十郎）、松緑のおじさま（二代目尾上松緑）、白鸚のおじさま（初代松本白鸚）、三代目の市川壽海さん、左團次のおじさま（三代目市川左團次）、ほんとうに大勢の方から教えていただいたそうです。

それに比べると、息子は主人から直接、学んでいます。『勧進帳』『助六由縁江戸桜』『暫』。ふたりで稽古をしていたのをよく覚えています。稽古の時、主人はあまりこまごまとしたことは教えません。

「一度、やってごらん」とやらせて、本人の理解力を見てから具体的な所作を教えていくといったふうです。

主人が教えていたのは息子だけではありません。小さい頃から娘にも踊りの稽古をつけていました。ただ、歌舞伎の舞台に女性は上がることができません。

〈堀越智英子の記録。著書『ありがとう、お父さん』より〉

「幼い頃から、男の子は舞台に立つためにお稽古をする。お稽古に関しては、私も幼少の頃から兄にくっついていた。しかし、幼いながらも明らかに違いを肌で感じる。『何が？』と言われると、『空気が』としか表現できないが、周囲の兄に対する思い入れと、私に対するそれは間違いなく違っていたと思う。そして、幼くて何が違うのかも理解できないうちに、そのような扱いを当然のように誰もがする。（略）

兄が歌舞伎の公演に出ることが決まると、そのお稽古が始まる。それまでは、同じように稽古場に通っていたのが、兄のお稽古の内容が変わる。そして、どうにか無事に舞台を勤められるように取り囲む大人たちの意識は皆、兄に集中する。

兄妹の何がそんなに違うのかもわからないまま、私は色々な我慢を強いられる。今、考えればごく当たり前のことだと思うが、それをわかるようには誰も説明してくれなかった。

そうして心がどんどんねじ曲がっていく。この現状にどうしていいのかわからなかったのだろう。さらに何かあると、父と母と兄は仕事の関係で外出。私は『一緒に行きたい』と言ったところで『すぐ戻るからいい子でね』で済まされる。

祖母かお手伝いさんとの留守番。両親には言えなかったが、私は早々『寝る』と言って、布団に潜り込み、よく泣いていた。」

いま、彼女の本を読むと、小さい時はそんなことを考えていたんだなとちょっと胸が痛くなります。でも、実は、ふたりの子どもが小さな頃から主人と私は話をしていました。

「孝俊は跡継ぎだから、稽古などで一緒にいる時間が長くなる。でも、愛情は孝俊も智英子も同じだ。かえって、智英子の方をよく見ていよう」

ですから、子どもを育てていた頃、私は娘のことをずっと見ていました。思春期になると、何も話さなくなっていったけれど、それでも、彼女は主人のことが大好きだったと思います。病気の時は誰よりも長い間、主人の看病をしていましたし、亡くなったいまも「理想の男性はお父さん」。

私は「そうね。その通り」と素直に思っているのですが、何人かの知人には言われました。

「希実子さん、理想の男性が團十郎さんなら、結婚が遅くなるから、理想の男性はお父さんというのは変えた方がいい」

この方たちの言うことも一理はあるのですけれど、娘を見ていると、考えを変えることはないように思います。仕方ないんじゃないかしら。理想の男性がお父さんというのは、主人の子育てが間違っていなかった証拠なのだから。そう思うしかありません。

【男の子が生まれてよかった】

結婚した翌年、息子の孝俊が生まれました。そして二年経って娘が生まれました。最初の子が男の子でよかったと思いました。あの頃は今と違って、お目にかかる方がすぐに「お子さんは？」という時代でしたから、プレッシャーがなかったというと嘘になります。

子どもふたりが小さかった頃は毎日、マラソンをしているようでした。朝は七時前に起きました。朝食をこしらえて、学校に送り出す。主人が起きてくるから、また食事を作って、洋服を選んで送り出す。その後、私も着物に着替えて、劇場に行かなくてはなりません。

帰ってきたら、事務所のスタッフと打ち合わせをする。そうしているうちに息子が学校で何かやって、先生から呼び出される。謝りに行かなくてはならない。子どもたちが学校から帰ってきたら、子どもの食事を作って、主人の夕食も用意する。

たまに、ご贔屓から誘われて主人とふたりで食事に出かけたりもしたのだけれど、途中で眠くなって、舟をこいだりしたこともありました。子育てと役者の女房の二役で、もう二度とあんなことはできないと思います。

お昼ごはんはひとりで立って食べることもよくありました。それくらい、次から次へといろいろなことがあって……。一一時半くらいにおにぎりを作って食べていたことが多かったかしら。

いまでもよくやりますよ。ご飯を炊きます。ひじきは煮ておきます。ご飯が炊きあがったら、ひじきを混ぜておにぎりにして冷凍しておくんです。

お腹がすいたら、解凍して海苔を巻いて食べます。ご飯に梅干しやシャケをほぐしたものをのせて食べるだけの時もあります。子育て時代はおにぎりが欠かせなかったですね。


【孝俊と智英子】


息子はいたずらっ子でした。中学生の頃までは芸についてもあまり好きではなかったように思います。主人は生まれた時から「跡継ぎとして教育する」と決めていましたけれど、私はほんとうのことを言えば、他の仕事をしてもかまわないと思っていました。ただし、口に出して言ったことは一度もありません。やはり、そんなことは言えない雰囲気がありました。

息子が生まれた頃は私の実家があった麹町にいました。両親が住んでいたマンションの下の部屋を借りたのです。母がいたから子育ても食事の用意も手伝ってもらえました。楽といえば楽でした。

娘の智英子が生まれて、すぐにいま暮らしている家に引っ越してきました。それからは戦争状態。もう、ここに暮らして三六年になります。ふたりが幼稚園に通っていた頃は主人も大変だったと思います。ご贔屓に誘われたら、お食事に出かけなくてはならなかったし、自分で芝居の稽古もしなくてはならなかったし……。

息子が三歳になった時、主人がうちの向かいの公園に連れていったことがあります。何気なく「やってみる？」と歌舞伎をやるかどうか聞いたところ、「うん、やる」と答えた。これは主人の話なんです。息子は覚えていなかったけれど、あとで、「親父はすごい」って言っていました。三歳の子どもの人格を認めて、歌舞伎をやるかどうかを聞いたのだから、親父はすごい……。

でも、主人は小さいからといって、子ども扱いすることはありませんでした。息子にも娘にも上から怒鳴りつけるようなことは絶対にしませんでした。子どもといえども人格を認めて、ちゃんと話をしていました。

稽古を始めるについても、ふたりに歌舞伎や舞踊とはどういうものかを説明していました。ふたり一緒に稽古を始めて、娘は中断していた時期もありましたが、いまは日本舞踊をものすごく熱心にやっています。

息子は中学の終わりから舞台に立っていました。勉強は嫌いだったみたいです。ただ、「僕は歌舞伎と同じくらいに勉強をすれば絶対に優等生だ」と言っていました。本を読むことは好きでした。

娘は反抗期はあったけれど、息子ほどやんちゃではありませんでした。父親の言うことはよく聞いていました。

主人はどちらに対してもむやみに怒ることはせず、言って聞かせるタイプでした。

「お前のいまやっていることは、こういうことだ。他人のことをちゃんと尊重するんだぞ」

学校の先生みたいですね。

息子が歌舞伎に対して態度が真摯になったのは父親が病気になってからでしょうか。発病したのはちょうど海老蔵の襲名の時で、息子にはかわいそうだったと思いますが、今後は自分が家を背負っていかなければならないと自覚したのでしょう。

【成田屋の食卓】

子どもふたりが小学生だった頃、家族がみんな一緒に食事をすることはほとんどありませんでした。その頃の食事は私と子どもふたりで食べるのが当たり前。主人は地方公演が多かったたし、たとえ東京にいても朝も夜も子どもと時間が合いませんでしたから。

子どもが小さかった頃、家族が一緒にご飯を食べる機会は年に一〜二度しかありませんでした。たまに主人が一緒だと子どもたちもちょっと緊張していましたね。

うちの家族が四人一緒に食卓を囲むようになったのは息子が舞台に上がるようになってからでしょうか。主人は息子と芸について熱心に話をするようになりました。娘の踊りについても同様です。三人でよく話をしていました。その頃からが、成田屋の食卓といえる日々かもしれません。主人の体調が悪化してからも、少しでもおいしいものを食べてもらえるよう、工夫してきたつもりです。

それでは、成田屋の食卓に上がった料理を一年を通してお話ししていきましょう。

【年越し、正月のレシピ】

年越しそばは奈良の「玄」さんのもの。いつも送っていただきます。そば粉が十割の打ち立てです。届いたら、すぐにゆでて食べます。主人とふたりで食べにいったこともあります。一軒家のお店で、ご主人がとても品が良くていらっしゃる。おそばも品の良いものです。

「東京にも玄さんがあるといいのにねえ」

主人とそんな話をしたことがありました。

おそばには大根おろしと天ぷらをつけて。

おせちそのものは長年、「京味」さんに頼んでいます。ご主人の西健一郎さんとは、新橋にお店を出された頃からの長いおつきあいです。

西さんご自身が持ってきてくださって、「奥さん、一年間、お疲れさまでした」と言ってくださると、年の暮れだなあと感じます。

お雑煮の具は東京風で、鶏肉、うぐいす菜、にんじん、大根、餅。餅は角餅を焼いたもの。すましのだしです。お雑煮の具も西さんが用意してくださいます。「京味」さんなくして、我が家のお正月は語れません。本当に感謝しています。

お正月に欠かせないのは、まぐろのお刺身。主人は「團十郎」と名前の入った刺身包丁を持っていきます。着物にたすきをかけて、江戸時代の板前さんみたいな恰好でまぐろを切る。さく取りしてから切り身にして、お寿司を握ったり、鉄火丼にしたり。ご飯を酢飯にするのは私の仕事ですけれど。主人がまぐろを切っている姿も成田屋のお正月です。

鉄火丼は次のようにします。

同じ量のしょうゆ、みりんを混ぜて、卵の黄身を加えて、軽く攪拌する。そこにまぐろの切り身を三分ほど漬けて、酢飯にのせる。酢飯にはちぎった海苔を散らしておいてください。

まぐろを使った混ぜ寿司も作ります。まぐろの切り身は同量のしょうゆ、みりんに卵黄を溶き入れたものに漬ける。五分でいいです。トマトは湯むきしておきます。器に酢飯を入れ、上にまぐろ、トマト、アボカドをのせる。食べる時にさっと混ぜます。主人はまぐろがなくなるまで食べ続けていました。

〈京味のおせち〉

京味は一九六七年、新橋で創業。主人は西健一郎。日本最強の和食店と言われている。「おいしいもんと珍しいもんは違う」というのがポリシーで、高級珍味を出す店ではない。

堀越家は伝来の重箱を京味に預け、そこにおせちを入れてもらっている。献立は次のとおり。

数の子（だし、しょうゆで調味）　黒豆松葉刺し（黒豆の煮物）　ごまめ　叩き牛蒡　川海老から揚げ　豆慈姑《くわい》　自家製唐墨《からすみ》　寒諸子《かんもろこ》昆布巻　子持ち昆布　日の出梅（小梅を甘酸っぱく煮たもの。赤い梅を日の出に見立てている）　このわた　蒸しうに　平目龍飛巻《りゅうひまき》（平目の身を昆布で巻いたもの）　穴子八幡巻《やわたまき》　双身《ふたみ》しいたけ（白身魚のすり身と海老のたたき身を混ぜて生しいたけに詰めたもの）　こはだ酢締め　さごし酢締め　たらこ粕漬け　鰆《さわら》味噌漬け　温度卵の味噌漬け（温度卵とは温泉卵のこと。白粒の味噌床に漬けてある）　河豚《ふぐ》白子焼　焼き穴子山椒煮　堀川牛蒡旨煮（京野菜の堀川牛蒡を醬油《しょうゆ》味で煮たもの）　松茸旨煮　生たらこ旨煮　鮑《あわび》やわらか煮　筍旨煮　帆立貝旨煮　海老うに煮　白魚旨煮　海老芋から揚げ　鴨ロース　伊達巻　栗きんとん

【牡蠣パーティ】

二月、たくさんの牡蠣を取り寄せて、友人を集めてパーティをやります。私と娘の友人が多いです。殻付きの牡蠣だからむくのが大変。軍手と牡蠣ナイフを使って一度に大量にむきます。最初は手をケガしたこともあったけれど、今は熟練ですね。エカイエ（フランスの牡蠣むき職人）として雇っていただいても通用するくらい。

暖かい日だったらベランダで生牡蠣や焼き牡蠣を食べながらワインを飲むのがいいけれど、寒い日はうちのなかで。外を眺めながらみんなでぺちゃくちゃおしゃべりしながら牡蠣を食べています。新鮮な生牡蠣はおいしいけれど、それほどたくさんは食べられない。時間が経つうちに、みんな、牡蠣フライの方に手が伸びる。うちの食卓ではあまり揚げ物はやらないのですが、牡蠣フライは別。みんな、大好きです。

牡蠣フライに手が伸びるのは生ものばかり食べていると、だんだんお腹がいっぱいになるからじゃないかしら。お刺身だって、いくらおいしくてもそんなにたくさんは食べられないでしょう。

うちの牡蠣フライは自家製タルタルソースが絶対に欠かせません。たまねぎ、ピクルス、ゆで卵を細かく切り、レモン汁とマヨネーズで和え、タバスコ、ウスターソースを少し入れます。これを作っておくと、海老フライ、牡蠣フライ、白身魚のフライに使えます。

牡蠣は酢牡蠣にもします。市販の寿司酢に牡蠣を漬けておくだけ。寿司酢がすっぱいと感じるようでしたら、昆布だしで割ってもいいでしょう。冷蔵庫で一時間くらい漬けておいてください。お客さまに出す時に大根おろしと万能ねぎの小口切りをのせ、一味唐辛子をかけます。

牡蠣パーティの最後に、私はいつも鶏のそぼろご飯を出します。牡蠣の炊き込みご飯を作ったこともあったけれど、なんでもかんでも牡蠣ばかりではちょっと飽きちゃうでしょう。アクセントに鶏そぼろを作って、炊き立てのご飯にのせていただく。

鶏そぼろはみりん、しょうゆを同量で混ぜたもので煮ます。砂糖を加え、最後は炒りつけるようにして、汁気が少々残るくらいまで火を通します。できあがりにしょうが汁を加えます。

鶏のそぼろご飯はお弁当にも向いていますし、孫たちが大好きな料理です。

【桜の会　お花見】

家の庭にソメイヨシノの大木があります。息子が小学校に入学した時、私の父が植えてくれたものです。毎年、桜が咲くと、昔からの友人をお招きして食事をします。日にちを決めてしまうと、まだ咲いていなかったり、もう葉桜になっていたりしますよね。お花見の主役は食事よりも花ですから、蕾がふくらんできたら、そのとたんにさっと電話して、「うちに来ない？」。

この日はみんなで桜を見ながらシャンパンをいただきます。そのあと食事をして夜遅くまでワイワイやっています。うちの庭の桜もいいけれど、向かいの公園の桜も満開になると、白い雪が積もったみたいになって……。夜でも桜の花弁で明るくなります。

メニューは毎年、変えますが、それほど贅沢なものではありません。鶏のから揚げやポテトサラダといった簡単なものばかり。

豆腐としらす、枝豆の和え物は成田屋の味かもしれません。

木綿豆腐は水気を切り、枝豆はゆでてさやから出します。豆腐は塩、こしょうで味付けをし、枝豆を加えます。混ぜる時にごま油をかけ、すだちを搾り、最後にしらすをのせます。

豆腐、しらすの白と枝豆の緑がきれいなコントラストになるような盛り付けにしておくことが大事です。

きんぴらはごぼうをできるだけ細く切って作ります。きんぴらって、不思議だけれど、シャンパンに合うの。どうしてって聞かれても困るけれど、家に来る人はきんぴらをつまみながらシャンパンをおかわりしています。

きゅうりの酢の物は、塩をして絞ったきゅうりとわかめ、大葉とみょうが、しょうがを刻んだものを寿司酢で和えます。すりごまを入れてもおいしいと思います。

ポテトサラダも鶏のから揚げもごく普通のレシピです。ただ、ポテトサラダには、はちみつを少しだけ加えます。これが意外とおいしいんです。

あとは買ってきたパンとチーズでもあれば充分じゃないかしら。やはり、桜が主役なのです。私の好みは七分咲きくらい。その頃はまだ寒いからシャンパンよりも、日本酒が好きな人は熱燗がいいかもしれません。そうなると、おでんでもこしらえておくといいですね。お花見やお月見って、ステーキ、ローストビーフ、お寿司よりも、家庭のお惣菜がいいと思うんです。ちょっとくらい冷めても食べられるものがあればと思います。

それに、手のかかったものをお出しするとなると、招いた側がキッチンのなかにこもりっきりということになるでしょう。料理よりもお客さまとおしゃべりすることが桜の会の趣旨です。

【洋食メニュー】

ビーフシチュー。よく作ります。みんなが好きなメニューの一つです。牛の肩ロース肉を何時間も煮込みます。ドミグラスソースは市販の缶詰を使いますが、赤ワインを足して味を調えます。いい赤ワインを惜しまずに入れるのがコツかしら。このシチューは長年、イタリアに暮らしていた方から教わったものです。

ロールキャベツ。うちのロールキャベツは牛ひき肉です。セロリとたまねぎ、にんじんをバターで炒めて冷ましたものを牛ひき肉に混ぜます。ビーフブイヨン、鶏ガラスープの素、塩、こしょう、トマトケチャップで味付けをしたものを茹でたキャベツの葉っぱでくるんで、鍋でことこと煮込みます。

手間はかかるけれど、きれいにキャベツを巻くと、それだけでおいしそうにできあがります。キャベツの葉っぱを留めるために爪楊枝を何本も刺したりしたら不格好になるでしょう。爪楊枝を使わずに、きちんと巻いて、隙間がないように鍋に並べれば、いい形のロールキャベツができます。そこがいちばん大事なところだと私は思います。

あじのマリネは小ぶりのあじが手に入った時に作ります。お客さまに出すと、喜んでいただける料理です。

あじを三枚におろし、皮をむいてから塩をしておきます。寿司酢とレモン汁、赤唐辛子を合わせて、あじをひたし、たまねぎスライスをのせて、置いておく。食べる前にオリーブオイルをまわしかけます。

オイルサーディンは缶詰のオイルサーディンの上にたまねぎのみじん切り、おろしにんにく、マヨネーズを混ぜたものをのせ、最後にパプリカをふり、パセリのみじん切りを散らします。

これ、シャンパンやハイボールに合いますよ。主人と夜食を食べる時、オイルサーディンそのままではつまらないから考えたものです。

【朝ごはん二種類】

主人は、早い時は劇場に入るのが午前一〇時前後。ぎりぎりまで休んでいました。でも、出かける一時間ちょっと前には起きて、朝ごはんをちゃんと食べていきます。子どもたちはそれより早く起きて、食事をして出ていきます。子どもはパンが多かったかしら。主人も三〇代まではパンが多かった。和食派になったのは五〇歳を過ぎてからのことです。

ある日の朝食。

食パンのトースト、目玉焼き、ベーコン、トマト、レタスサラダ。搾り立てのにんじんジュース。ジュースはトマトのこともあります。トーストはフレンチトーストにすることもあります。これは私が好きだったので。でも、フレンチトーストってカロリーが高いから、時々にしていました。

フレンチトーストは食パンを前日の夜から卵と牛乳を混ぜた地に漬けておきます。朝になったらフライパンにバターをひいて、焼く。レーズンをのせて、はちみつをかける。

コッペパンのサンドウィッチも作りました。中身はポテトサラダ、ゆで卵とマヨネーズを和えたもの。そして、必ずコーヒーがつきます。毎日、判で押したように同じものを食べていました。主人もそうですけれど、私たちも同じでした。

トーストで私が工夫したのがチーズしらすトースト、うにバター海苔トースト。料理の本に出ていたのをアレンジして、勝手に作ったものです。でも、おいしい。チーズしらすトーストはパンに溶けるチーズとしらすをのせてオーブントースターで焼く。上にオリーブオイルをかける。

うにバター海苔トーストも簡単。パンを焼いてから、バター、瓶詰の練りうにを塗り、上に刻み海苔をのせる。しょっぱくならないよう加減してくださいね。

主人は特にこだわりがある方じゃないから、「ベーコンはあそこで買ってこい」「食パンなら、あの店だ」なんてことはありませんでした。

主人も息子も舞台に出ている間、朝は毎日、同じメニューを初日から千穐楽まで食べ続けます。初日がパンとベーコンエッグだったら、ずっと同じ料理。ご飯とみそ汁なら、みそ汁の具も「同じにしてくれ」ということもありました。ご飯、しじみのみそ汁、温泉卵、ひじき煮、納豆、漬物、青菜の和え物。

同じものを食べることでペースを維持するのでしょうね。

重いお役のときは、時々「ステーキもほしい」とか「しゃぶしゃぶにしてくれ」って。朝から肉を食べて出かけていきました。

息子は、ステーキは食べなかったけれど、野菜のカレー、もしくはしゃぶしゃぶという時がありました。また、和食のおかずにらっきょう、黒豆の煮たもの、梅干し、納豆、ひじき煮……。しゃぶしゃぶは牛肉と大量の野菜。たっぷりの大根おろし。そして、筋肉をつけなければならないと思った時はアスリートのような食事になります。

鶏の胸肉をボイルしたもの、卵の白身だけで作ったオムレツ……。食べ物についてはストイックです。いろいろ勉強もしていたようです。息子の食事は大変でした。

私は朝から昼過ぎくらいまで台所にこもりきりの状態でした。それは、主人と息子が同じ劇場に出演していても、同じ演目に出ることがあまりなかったからです。出番が違うので食事の時間も違ってくる。主婦としては二度、ごはんの支度をしなければいけない。しかも、メニューが違う。歌舞伎役者がふたり以上いるお宅の主婦はほんとうに大変です。

息子が結婚した時には「やれやれ」と思いました。

【ふたりの夕食】

息子が結婚する前は、朝から晩まで食事を作っていました。私自身はひじきのおにぎりを食べたり、残り物をつまんだり。

病気になる前までは、主人とふたりで食べることはほんとうに幸せでした。ふたりでずいぶん飲んだもの。

ビールから始まるのだけれど、缶ビールはダメ。瓶ビールが好きでした。

三本は飲むんです。そこから始まってワインだったり、日本酒だったり。ワインは赤が好きでした。私もつきあってワインは飲んでいました。ふたりで二本なんてこともありました。でも、いま、ひとりで一本を飲み切ることはできません。主人が一緒だから二本、飲めたんですね。

ふたりでいろいろしゃべるわけじゃないんです。並んで座って、主人がしゃべるのを聞きながら、私は時々、オイルサーディンなどのつまみを作る。テーブルの目の前に大きな鏡があるんです。鏡には私たちの顔が映っていて……。恋人同士だと照れちゃうけれど、老いた夫婦だから、特に照れたりはしないの。

テレビもつけておいて、主人はテレビを見たり見なかったり。

私は「ふんふん、それでどうしたの」なんて言いながら、キッチンに立って料理を急いで作る。赤ワインを飲んでいると、たまに帰ってきた娘がテーブルに来て、「お腹空いた」って……。それでまた料理を追加して……。

幸せってそんなことですよね。

日本酒の日もありました。そうなると、まぐろのお刺身を食べたり、鉄火丼を作ったり。そういう時は主人が作るのではなく、お魚屋さんの刺身を食べる。好きなお酒の銘柄もだいたい決まっていました。

日本酒を飲む時、主人がいちばん好きだったのがまぐろ。それもお寿司でした。私はあじなど光り物が好きなのですが、主人はずっとまぐろのお寿司。一〇個は食べていました。自分で握ることもありました。握ったらすぐ自分で食べていました。お寿司でなければ鉄火丼。これは酢飯でなくてはダメ。まぐろのお刺身は、それほどは食べませんでした。まぐろのお寿司と日本酒さえあればニコニコしていました。

お寿司屋さんにも出かけましたよ。渋谷の「小笹」、銀座の「久兵衛」「鮨かねさか」、赤坂の「宇廼丸鮨」。この四店が多かった。お寿司屋さんに行くと、話をしないで、じーっと職人さんの手元を見ているんです。まぐろだけでなく、刺身にする時と握る時の魚の切り身の違いを確認して納得していました。

二〇〇四年にパリで公演をしたことがありました。その時、家族でジョルジュ・サンクというホテルに泊まったのですが、キッチンのなかでご飯を炊いて、まぐろをおろして、お寿司にしました。主人と娘が作り、家族で食べました。そこまでまぐろが好きなんです。三〇個くらいは作りました。朝からまぐろのお寿司を食べて、力をつけて芝居に出たんです。

握り寿司は酢飯にわさびとまぐろの切り身。私は握りません。主人の真似をしても上手にはできないんです。でも、鉄火丼はいまでもよく作ります。ご飯を酢飯にして、まぐろと海苔をのせる。わさびはチューブ入りよりも、本物をすりおろした方が、香りが違います。

〈まぐろ〉

十二代目團十郎のまぐろ好きはかなり知られていた。

「團十郎さんに寿司を握ってもらった」と語る人は少なくない。赤坂の「ニューはる」では、家で握ってきたまぐろの寿司を居合わせた客にふるまったこともあったという。

まぐろは海水魚で日本近海、太平洋北部、大西洋暖海域、全世界の温帯域でとれる。北半球に多く、南半球にはほとんどいない。せいぜい赤道近辺である。

まぐろの種類はクロマグロ（ホンマグロ）、タイセイヨウクロマグロ、ミナミマグロ（インドマグロ）、メバチマグロ、キハダマグロ、ビンナガマグロ、コシナガマグロの七つ。

ただしコシナガマグロはとれる量が極端に少ない。ミナミマグロも激減している。

ビンナガマグロは身色が赤くなく、生で食べることは少ない。ツナ缶などの加工用だ。

まぐろはとれる部分の脂の量によって大トロ、中トロ、赤身などに分かれる。大トロがとれるのはクロマグロ、タイセイヨウクロマグロとミナミマグロのみ。「メバチマグロの大トロ」はまずありえないが、スーパーではそういう表示がされていることもある。

キハダマグロは赤味が弱く、関西で愛されている。

十二代目が好きだったのはクロマグロ。しかも、赤身だ。トロよりもクロマグロの赤身の方が鉄分の味と酸味がある。

P121に続く

成田屋の食卓

七月、八月、九月

團十郎さんは朝をしっかり食べた。驚くのは、和食のメニューにミニステーキを加えていることだ。歌舞伎役者は体力が勝負なのである。朝食を屋上のテラスで食べることも多かった。そして欠かせないのがにんじんジュース。無農薬のにんじんをジューサーで搾りレモンを加える。團十郎さん、希実子夫人にとって、毎日のグラス一杯のにんじんジュースは健康の源である。

昼食をほとんど楽屋で食べたという團十郎さん。夕食は誘われれば外食もするが、家で取ることが多かった。夜の部が終わるのが九時、それから急いで帰宅し、やっと落ち着くのだそうだ。希実子夫人は劇場に同行している時、家に帰ると着物のまま夕食の準備にとりかかる。團十郎さんが好んだのは、はまぐりと豆腐の小鍋、これは池波正太郎の『剣客商売』に登場する料理だ。「蛤を豆腐や葱といっしょに今戸焼の小鍋で煮る」と書かれている。鍋の後の雑炊も好物だった。

テラスで朝食をいただく

春の花見を楽しませてくれた桜の樹は、この季節にちょうどよい木陰を作ってくれる。余裕がある時には、屋上のテラスで朝食のひと時を過ごすこともあった。パンのときは、ベーコンエッグにトマトとレタスのサラダというのが定番。

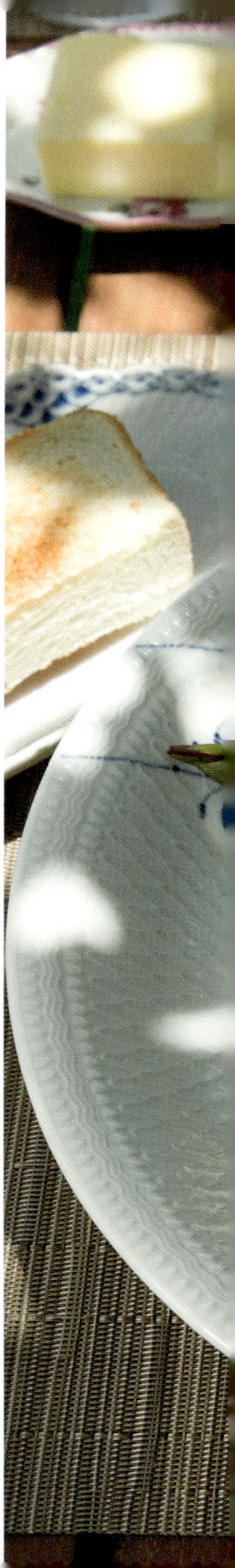

朝の一杯はにんじんジュースから

にんじんとレモンは一年中、たっぷり使うものなので、無農薬で栽培しているものを調達している。

一人分で小さめのにんじんなら五本くらい、大きめなら三本半を使う。にんじんの甘みが濃縮された一杯となる。

朝食はいつも決まったメニューで

特に舞台に出ている時は、身体のペースを維持するため、團十郎さんは判で押したように同じものを食べた。トーストにベーコンエッグなら、その組み合わせで食べ続け、和食も同様におかずのバリエーションは決まっていた。

フレンチトースト

ふっくらと焼きあがるように、パンは前の日からアパレイユ(卵液)に漬けておき、朝は焼くだけでいいようにしておく。そして、はちみつをかけるのが成田屋スタイル。

和風味のオープントースト

毎回同じメニューになる朝食に変化をつけるために工夫したもの。しらすとチーズにはオリーブオイルをかけることでぐっと旨味が増し、うにバター海苔トーストも刻み海苔の風味が、おいしさの決め手となる。

コッペパンのサンドウィッチ

近所のパン屋さんで買う小ぶりのコッペパンがお気に入りで、ポテトサラダやゆで卵のマヨネーズ和えをたっぷりはさむ。

朝からステーキということも

歌舞伎役者は身体が資本である。演目によりいつも以上に体力を必要とする時には、ステーキを和食のおかずに加えることが多かった。温泉卵、ひじきの煮物、青菜の和え物、納豆、香の物、しじみのみそ汁は和風朝食の決まりものである。

舞台の後の夕食は自宅で

早い時間に出番が終わる時には夫婦一緒に食べ、遅い帰りの時には團十郎さんだけで、希実子夫人はお酒をつきあった。好物だったビーフシチューやロールキャベツは時間をかけて準備したが、あじのマリネ、オイルサーディンなど酒の肴になるものは、その日の気分で手早く調理して供した。

ビーフシチューはご飯と一緒に

舞台がはねた後の緊張感を和らげるためもあり、夕食にお酒は欠かせなかった。ビーフシチューの時は赤ワイン。ご飯をくずしてソースにからめながら食べるのが好きだった。

ロールキャベツ

希実子夫人のこだわりは、キャベツでくるんでから楊枝で留めないこと。鍋にきっちりと並べ入れて煮込めば、上手にできあがり、見た目も美しい。

あじのマリネ

團十郎さんはよく漬けたものより、三〇分ほど漬けたくらいの新鮮さが残る味が好みだった。オリーブオイルをかけ、すだちを添えて供した。

野菜スープ

健康のことを気遣い、身体に優しいものをと料理したのが始まり。ミネストローネのように野菜をたっぷりと入れ、にんにくと卵黄のアイヤードソースをかけていただくことで一段とコクが増す。

オイルサーディンの簡単おつまみ

もう一品欲しい時に手早く作れるおつまみとして、よく登場した。マヨネーズソースを添えれば、缶詰とは思えない仕上がりに。

はまぐりと豆腐の小鍋

これは池波正太郎の小説に登場し、エッセイでも紹介されていた小鍋仕立てを参考に作ってみたものである。團十郎さんのお気に入りで、はまぐりの時期が来ると何度となく作ったという。締めの雑炊はねぎと黒こしょうで、すっきりとした味で決める。

【三人の芸の話】

結婚してから亡くなるまで、主人が出演した演目はほとんど見ていると思います。私たち家族が見るのは一階席の後ろの方です。昔の歌舞伎座だったら、ちょうど柱の後ろあたりです。

主人は客席の入りをよく見ていました。結婚した頃、なかなか大入りにならなかった。あの頃は少しでも新しいお客さまに来ていただきたいと思って、努力していました。大入りになるようになってからも、青山学院大学に行って学生たちに歌舞伎の講義をしていたのは、やはり、一人でも多くの方に歌舞伎を知ってもらいたかったからです。それに、人に教えるという仕事も好きでした。

私の感想を聞きながら、夕食になるのですけれど、その時、まぐろと並んで好きだった魚が鯛でした。

鯛だと、お寿司にはしません。カルパッチョ、兜蒸し、鯛茶漬け、お刺身。

うちのカルパッチョは私が勝手に工夫したもの。材料は鯛のお刺身とうにです。そこに自家製ソースをかける。ソースはみょうがのみじん切り、にんにくのすりおろし、レモン汁、生クリームを混ぜたもの。芽ねぎは鯛の上に散らしておく。

食べる時は一緒に和えて。主人は赤ワイン専門だったけれど、白身の魚の時は白ワインでした。もちろん日本酒でもいいのですが。鯛だけだと味が単調なので、うにがあった方がいいでしょう。それに、この料理はお客さまに、とても好評です。

兜蒸しはいろいろなレシピがあるでしょうけれど、私は簡単にやっています。まず、魚屋さんで新鮮な鯛の頭を買う。半割りにしてもらってください。その時、「兜蒸しってどうすればいい？」って聞いてみるといいですよ。専門の魚屋さんだといろいろ知っているから、コツも教えてくれますよ。ここに書くのはお寿司屋さんから聞いたレシピです。

まず、頭は冷水で洗って、血の塊などは取り除いておく。そして熱湯をかける。生臭みを取るためですね。皿に昆布を敷き、鯛をのせる。高いところから塩を振り、酒をかける。そしてねぎの切ったものを横に添え、蒸し器に入れる。

火をつけて、沸騰し、蒸気が出てきたら弱火にして一〇分。ポン酢にあさつきともみじおろしを添えます。これで完成です。温かいうちに食べてください。

私はお刺身よりも、兜蒸しが好きです。やったことのない方が多いかもしれないけれど、下処理して蒸し器に入れるだけですから、簡単にできると思います。頭やアラでなく、切り身でやってもいい。その場合は蒸す時間は七分くらいで。

鯛茶漬け。

鯛茶漬けのポイントって、私は炊き立てのご飯だと思います。冷めたご飯のお茶漬けも悪くはないけれど、その上に魚の刺身をのせたら生臭くなる。ご飯も炊き立てで、だしも熱々にするのが鯛茶漬けで大切なところではないでしょうか。

ごま、しょうゆ、みそ、みりんを混ぜたものとわさびを鯛の刺身にのせる。上からスープをかけます。スープは半身分の鯛のアラをことこと煮て、だしを取ったもの。だしに少し塩を加えます。

スープをかける前に一杯はそのまま食べるのもおいしい。主人はそうしていました。だから、鯛茶漬けの時は「食べすぎだよ、おい」ってお腹をポンとたたいていました。

【團十郎の味　おかず】

主人はまぐろや鯛だけでなく、きんき、そして伊勢海老も好きでした。他の家庭であまりやらない料理は、きんきの中華風蒸し物、そして伊勢海老のフライかしら。

きんきの中華風蒸し物は「清蒸(チンジョン)」という中華料理のアレンジです。中華で、ハタなど白身魚を蒸して、上から熱いごま油をかける料理法があるでしょう。それと一緒です。魚を蒸すと身離れがいいし、なんといってもヘルシーでしょう。また、蒸した魚から出ただしとしょうゆ、ごま油が混ざりあって、とてもおいしいスープができます。これを温かいご飯にかけて食べたら、主人でなくても誰でも太る。そうなるとヘルシーにはなりませんね。

さて、きんきは魚屋さんでウロコを取り、はらわたを抜いてもらってください。あまり大きいと蒸すのに時間がかかるし、値段も高いから小さめのきんきでいいでしょう。

きんきに軽く塩をしたら、ねぎ、しょうがを細切りにして、半量を上にのせます。紹興酒、オイスターソースを混ぜたものをきんきの上にかけ、豆鼓を散らします。それから蒸し器に入れ、一五分ほど蒸す。

蒸しあがったら、まず最初に入れたねぎ、しょうがを取り除き、残しておいたねぎ、しょうがを新たにのせ、熱くしたごま油を上からかけ、パクチーを散らす。主人はパクチーが苦手だったので外していました。ほんとうはたっぷり散らしてある方がおいしいと思うのですが。

油をきんきの上にかける時、飛び散ることがありますから気をつけて。


〈きんき〉

宮城県でキチジと呼ばれる。築地ではきんき。漢字できんきは黄金魚。当て字である。黄金色に輝く魚という意味だが、実際は赤い。

駿河湾以北の太平洋側、オホーツク海、南千島、樺太周辺が主な漁場。日本海には棲息していない。

関東、北海道、太平洋側の東北地方で人気がある魚で、値段は高い。一キロ一万円を超えることがある。

関東、北海道、東北太平洋側では人気のある魚だけれど、日本海側ではそれほどでもない。焼いたり、煮つけにしたりして食べるのが一般的。白身だし、脂ののった魚だから、蒸して食べるのはいいかもしれない。ただし、ごま油が嫌いな人はさっと蒸してポン酢で食べるという手もある。それがヘルシーではないか。

【伊勢海老の食べ方】

海老蔵という名前の由来は初代團十郎の幼名からです。主人も團十郎を襲名する前は海老蔵。私と結婚した時もその名前でした。

主人も息子も伊勢海老が好きです。身をフライにして、頭、殻、尾は、みそ汁に。値段のことばかり言うようですけれど、伊勢海老は高い。でも、フライとみそ汁にすれば満足できます。何かお祝いがあった時にやってみると、「あっ、おいしい」と思われるでしょう。

大変なのは殻から身を外すところ。いちばん苦労します。そして四つか五つに切っておく。それさえできればあとは簡単な料理です。

四つか五つに切るのは比較的大きめの伊勢海老の場合です。小さなものでしたら、二つかな。そのまま揚げると中まで火が通りません。だからといって、開いて衣をつけると、せっかくの伊勢海老の食感がなくなってしまう。大きめの伊勢海老にかぶりつくのがおいしさだと思います。

食べる時はタルタルソースではなく、塩とレモンか、ウスターソースがいいでしょう。伊勢海老をみそ汁にする時、料理の本には頭と殻は焼いた方がいいと書いてあります。でも、私はそのまま沸騰したお湯のなかに入れてだしを取ります。昆布を入れて殻が真っ赤になるまで煮る。

どうして？

はい、新鮮な伊勢海老でしたら、そのままでも生臭くありません。お刺身にしてもいい伊勢海老でフライとみそ汁を作ればいいんです。

〈伊勢海老〉

伊勢海老という名前の由来は江戸時代に伊勢湾でたくさんとれた海老だから。「海老」は当て字である。姿かたちが腰が曲がり、髭を生やした老人に似ているため付いたものだ。長寿のシンボルでもあり、正月などの飾りに用いられる。昔の成田屋の正月飾りにはいつも大きな生の伊勢海老が飾られていた。寒い季節だからいいものの、夏だったら、ものすごいにおいがしただろう。

伊勢海老と名前がついているが、主な漁場は茨城以南の太平洋側。韓国、台湾の周辺にも多数、棲息している。また、このほか、世界中の暖かい海にいる。ただし、外側の色合いはその地域によって違う。

みそ汁は漁師の食べ方だ。刺し網で傷ついた伊勢海老はマーケットに出せないので、みそ汁にする。漁港近くの食堂では、傷ついた伊勢海老の身をフライや天ぷらにして出す。伊勢海老フライは身がプルプルしている。また、一尾食べると相当、お腹いっぱいになる。高価な、さいまき海老の天ぷらを何尾も注文するよりも、伊勢海老一尾の方がかえって経済的かもしれない。

【松茸】

松茸はフライが好きです。それに、奉書焼き、松茸ご飯。うちの松茸ご飯は松茸とご飯だけで、味付けも薄い。「京味」さんで教わった炊き方です。だし、塩だけで炊き上げます。その代わり、松茸は石づきを除いてすべてを投入します。松茸の香りを楽しむご飯です。以前は油揚げなどを入れていたのですけれど、一度食べたら、松茸だけの松茸ご飯がいちばんです。

松茸は水洗いしてはいけません。汚れは手で取るかペティナイフで薄く削り落とす。でも、微量の土がついていても、フライ、奉書焼き、松茸ご飯ではまったく味には影響しません。

フライのコツはパン粉を細かくすることと、食べる時はウスターソースをかけること。

バターを塗った食パンにウスターソースをからめた松茸フライをはさんだらおいしいんじゃないかと思っているのだけれど、「お母さん、変な食べ方しないで」と娘に怒られそうだから、なかなかできません……。

奉書焼きは松茸を奉書紙で包んでガスで焼く。時間は五〜六分くらいでいいです。火はすぐに通ります。奉書が焦げる頃には焼けています。焼きあがったら手で割きます。だいだいを搾って、しょうゆを少し垂らして食べます。ゆず、すだちよりも酸味がやわらかいのがだいだいの特徴です。香りを楽しむ松茸には、ゆず、すだちはちょっと香りが強い。だいだいを使ったことのない方は試してみてください。お値段はそれほど変わりません。また、だいだいで自家製のポン酢を作ってもいいと思います。

〈ゆず　かぼす　すだち　だいだい〉

【ゆず】

ゆずは一年中、店で売っている。旬は一一月から一二月。この時期のゆずがもっとも香り高い。果皮はごつごつ盛り上がったりしていて、サイズは一三〇グラムにもなる。夏に出回る「青ゆず」は果皮が青く、果汁は少なめ。秋以降の「黄ゆず」の方が果汁は多い。ゆずは果皮を削ってすまし汁に入れたり、果汁を搾って料理にかけたりする。焼き魚、焼き鳥などに果汁を搾るけれど、きゅうりなどの野菜にかけることもある。

【すだち】

すだちは徳島県の特産品。松茸の土瓶蒸し、焼き魚などに風味をつけるのに使う。果皮はかたく、濃い緑色。サイズは三〇グラムから四〇グラムと小さめだ。酸味は強い。ポン酢にしたり、冷たいうどん、冷製パスタに使うこともある。

【かぼす】

かぼすは大分県の特産品。つまり、すだちは四国で多く使われ、かぼすは九州で用いられる傾向がある。果皮は濃い緑色。酸味は強い。すだちに似ているけれど、かぼすの方が三倍くらい大きい。ポン酢に利用したり、焼き魚にかけたりする。松茸に搾ってもいいのだけれど、かぼすが出てくる料理店は少ないのではないか。ふぐに添える店は多い。果皮を削って利用することはない。

【だいだい】

だいだいの大きさは一五〇グラムから二〇〇グラム。伊豆半島が主な産地。ポン酢に利用されることが多い。松茸には、だいだいがいいという人は多い。出回るのは一〇月から一二月で、そのため正月の飾りに用いられる。だいだいが「代々」に通じるので、縁起がいい果実とされている。

簡単にまとめるとこうなる。

ゆずはどこでも手に入る。すだちは四国の料理、かぼすは九州の料理に向く。以上の三つはいずれも酸味はあまり変わらない。

だいだいだけはやや酸味が少ない。ゆず、すだち、かぼすがレモンに近い酸味だとすれば、だいだいの酸味はオレンジのそれだ。

【團十郎が好きだった鍋】

京都の方に教わって作ってみたのが、水菜と揚げの小鍋仕立てです。池波正太郎先生の本にも出てくるそうです。池波先生の本は料理人、料理研究家の方も感心するくらい、おいしそうなものばかりが出てきます。なかでも小鍋仕立てですね。出てきたものをすべて作りたくなってしまいます。

コツはあると思うんです。小鍋仕立ての場合は具を二品、せいぜい三品まで。それ以上入れるのならば大きな鍋にした方がいい。もうひとつは高級食材よりも、豆腐、お揚げ、小松菜、水菜といったものの方が向きます。そして、三番目は量。食べ終わっても、「まだちょっと足りないな」と思うくらいがちょうどいい。小鍋仕立てでお腹いっぱいにしない方がいいように思います。

油揚げはお湯をかけて油を落としておいてください。水菜はさっと洗えばそれでいい。油揚げは幅七ミリくらい、水菜は長さ七センチくらいに切っておく。だしは昆布と鰹節で濃いめに取る。時間がない時は、茅乃舎《かやのや》さんの袋に入っただしでもいいでしょう。

だしを取ったら、水菜と油揚げを入れていき、さっとあげて食べる。ポン酢で食べます。小鍋仕立ての時はワインよりも日本酒です。秋から冬ならば熱燗に限ります。小鍋仕立てで野菜を食べた後、和風ステーキとご飯もいいかもしれません。しょうゆ味のステーキにしておけば、そのまま日本酒で食べることができます。

鶏の水炊き。

「つきじ宮川角店」と包装紙にありますが、正しい名称は「宮川食鳥鶏卵」。歌舞伎座から近い築地の場外にある鶏肉と卵を売る店です。本来は卸なんでしょうけれど、小売りもやっています。歌舞伎の関係者に聞けば「築地の鶏肉屋さん」と誰もが答えるでしょう。我が家でよく使うのは「鶏肉の折り詰め」。

もも肉、胸肉、レバー、砂肝、鶏団子、皮の六種類が入っています。鶏肉の下にはねぎの斜め切りが入っていますから、それを使い、あと、しいたけ、白菜を足して、鶏鍋にします。新鮮な鶏肉で、冷凍ではありません。おつかいものにもいいと思います。ただ、鶏肉は「食べられない」っていう人が結構います。そこだけは確認してから、プレゼントした方がいいでしょう。鶏鍋を食べ終わったら、最後は雑炊。卵はもちろん、宮川さんで一緒に買ってきたものを使います。どうでしょう、これも日本酒で食べるのがいいかな。そう、やっぱり日本酒に合う味です。

鶏の水炊きで大切なのはスープ。これも宮川さんで買ってきた手羽元を使います。前日、手羽元一五本をビニール袋に入れて、金槌などでたたいておく。それを鍋に入れて、水を足しながら二、三時間、ことこと煮る。そのスープで水炊きをします。塩とこしょうで味をつけたらラーメンのスープにもなります。

鴨鍋。材料は鴨肉、鴨団子、しいたけ、万能ねぎ、水菜。スープは昆布だしと酒を同量で割ったもの。

鍋にスープを入れ、煮立ってきたら水菜を一把加え、薄口しょうゆ、しょうが汁で調味する。味が落ちついたら、水菜一把は引き揚げます。具としての水菜は食べやすい長さに切っておきます。鴨のミンチに酒、しょうが、塩、万能ねぎを加えてよく練る。

鴨からいいスープが出るので、鰹節は入れません。昆布だけで取った方がいいでしょう。

鴨鍋の最後に日本そばを入れると、即製の鴨南蛮になります。

【子どもたちとの話】

子どもが大きくなって、息子は十一代目市川海老蔵を、娘は日本舞踊市川流の三代目市川ぼたんを襲名しました。そうなると、食事の間、三人で芸について話しながら食べることもありました。時にはそれこそ話に熱中して、食べるのがおろそかになったり……。

家庭のなかで、私ひとりだけが素人だから、技術的な話になると、聞くいっぽうです。「ほら、みんな、スープが冷めるわよ」など注意しても、やはり、みんな、話に夢中で耳に入っていなかったですね。

主人がいちばん芝居の話をリードしていたと思います。娘とは踊りの話になります。息子も、むろん、話に参加します。

市川流でリサイタルをやることがあるのですが、振り付けは宗家である主人と、義妹の紅梅が担当します。食卓で息子と娘に踊りの振り付けについて、主人は延々話をしていました。歌舞伎についても、踊りについても、子どもたちは主人の弟子にあたるわけです。ふたりとも真剣に話を聞きますし、また、いろいろ質問をしていました。

芸の話になったら、三人ともほんとうに熱中してしまう。歌舞伎の話でも踊りの話でも、主人は「それは違うんじゃないか」と、子どもたちにでもはっきりと言います。

それで息子も娘も「うん」と言えばいいんですけれど、ふたりとも、自分の意見を持っているから、「いえ、僕はそうは思わない」「私もそれは違うと思う」……。

いつの間にか議論になってしまいます。

でも、役者の家って、それが当たり前なんです。喧嘩ではなくて、芸の話に熱中しているわけだから、ほのぼのしているとも感じます。

【子どもたちが好きな味　カレー】

カレー二種類。チキンカレーと中華味のカレーです。小さい頃は甘口の普通のカレーが「おいしい」と言って食べていましたけれど、大きくなるにつれて、「本格的なカレーを作ってくれ」と言われるようになりました。

チキンカレーは息子が大好きなもの。麻央ちゃんにも作り方を教えました。カレールウは使いません。骨付きの鶏肉、ガラムマサラ、ターメリック、チキンスープで作ります。なんといっても時間がかかるのが刻んだたまねぎを炒めること。よく「飴色になるまで」と表現されていますけれど、それでは足りません。まず、こげ茶色になるまで炒めて、そこにガラムマサラ、ターメリック、強力粉を加える。そこからさらに炒めて鶏ガラスープを入れると、サラサラのカレーになります。時間さえかければ本格的なカレーは誰にでも作ることができます。

中華味のカレーは料理の本で見たものをアレンジしました。これも使うのは骨付きの鶏肉です。

まずは鶏肉に下味をつけます。しょうゆに紹興酒を加えて鶏肉にからめ、半日ほどおく。あとはカレー粉、しょう油、紹興酒、砂糖、水でカレーを作る。砂糖が入るので、普通のカレーよりも甘く感じる人もいます。

娘が好きなカレーですが、彼女は「お母さん、おいしいけれど甘い。でも、また食べたくなる」って。

「もう一度、食べたくなる」と言われるのが料理をやっている人間としてはいちばんのほめ言葉ですね。ほめられるとまた時間をかけてたまねぎを炒めるんです。食べる人の顔が見えるから料理は手抜きできません。

【子どもたちが好きな味　鶏料理】

ステーキも焼きますし、豚肉の料理も作りますけれど、あらためて整理してみると、うちは鶏肉の料理が多いことがわかりました。から揚げ、白ワイン煮、トマト煮。子どもたちが好きな料理は鶏肉を使ったものが多いです。

から揚げはオーソドックスに作ります。にんにく、しょうが、酒、しょうゆの漬け汁に漬けた鶏をからっと揚げる。衣は片栗粉です。

先日、友だちから「希実子さん、塩とすだちのから揚げ、おいしいわよ」って、言われました。

「鶏肉に塩を振って、すだちを多めに搾る。しょうゆをさっと振りかけたものに片栗粉をつけて揚げる」

持ってきていただいたものを食べたら、酸味はないけれど、さっぱりしておいしかった。すだちがなければレモンでもいいんですって。

鶏のトマト煮は子どもたちが好きな料理です。骨付き鶏肉を半分に切り、前の日ににんにくと塩、こしょう、ローズマリーをすり込んで保存袋に入れておく。

鶏を焼いて取り出し、その脂でたまねぎとにんにくを炒め、トマト水煮缶を加え、鶏肉を戻し、コトコト煮る。鶏肉をとりだしてソースをこす。鶏肉を戻してからめ、黒オリーブをのせて、パセリをかける。これもイタリア帰りの方が開いていらっしゃる料理教室で教えてもらった料理です。

【バーニャカウダ】

バーニャカウダはイタリアのピエモンテ州の料理。野菜サラダではなく、フォンデュみたいな鍋料理なんだそうです。うちで食べる時も熱いソースです。スティックにした野菜をディップして食べます。

にんにく一個を皮つきのまま小片に分けて牛乳でゆがき、中まで火が通ったらきれいに洗って皮をむく。すりこぎでつぶす。アンチョビ一缶を塩抜きし、みじん切りにしてにんにくと一緒にすりつぶす。生クリームを一カップ入れて、よく混ぜる。オリーブオイルを加えて、加熱しながら食卓へ。

野菜はにんじん、セロリ、パプリカ、キャベツ、ブロッコリー、カリフラワー、アスパラガス、大根といったところ。子どもたちが大好きでした。ゆでたじゃがいもをつけてもいいと思います。

【いわしのハンバーグ】

子どもに魚を食べさせようとして作ったものです。いわしの頭とはらわたを取ってから、開きます。背骨を取り除き、腹についている小骨は包丁でこそげ落とす。背びれを取ったら、皮ごと小さく刻んでください。そこにしょうが、にんにく、ねぎ、赤唐辛子、みそ、酒、片栗粉を入れて、よくたたきます。ペースト状にするのではなく、多少、いわしの身が残っている方がいい。粗びきのソーセージだと思ってください。

いわしのすり身ができたら、俵形にして、まわりに大葉を巻きます。そして、フライパンで焼けばできあがり。

子どものためにと思って作ったのだけれど、主人が「どれどれ」って味見した後、日本酒のつまみにしていました。

【グラタン】

マカロニグラタンをはじめとして、子どもはグラタンが好きでしょう。私も小さい頃、よく食べました。うちでよくやったのはカリフラワーを使ったグラタン。カリフラワーをたくさん食べるための料理です。

カリフラワーはゆでておく。そのまま食べてもいいくらいのやわらかさでいいです。次に豆乳のベシャメルソースを作る。鍋にバターとオリーブオイルを入れて、温まったら、薄力粉を少しずつ加えながら、ヘラでのばしていく。ダマにならないよう弱火です。薄力粉に熱が入ったら、少しずつ豆乳を加えてのばしていきます。そうして、適当な粘り気が出たら、ソースのできあがり。

耐熱皿にカリフラワーとハムを並べて、ベシャメルソースをかけ、ピザ用チーズを散らす。オーブンで表面に焦げ目がつくまで焼きます。この料理で手間がかかるところはベシャメルソースを作ることですが、何度かやっているうちに上手にできるようになります。市販のベシャメルソースの素もありますけれど、はっきりいって甘いです。自分で作ると、甘くないソースができます。あと、カリフラワーの水気をよく切っておくことも大事かな。水っぽいカリフラワーのグラタンはおいしくありません。

ベシャメルソース、ドミグラスソース、カレー、ビーフシチュー……。煮込み料理は何度も作っているうちにその家の味ができあがっていくものだと思います。初めて作った時に「どこかおいしくないな」と思っても心配しないこと。やっているうちにだんだんおいしくなっていきます。鰹節と昆布でだしを取るのだって同じ。プロは毎日同じ味のだしを取ることができる。でも、私はせいぜい一週間に一度しか、本格的なだしを取ることはないのだから、いまでも、時々、濃すぎたり、薄くなったり……。それでもいいと思っています。だって、一〇回に一回はプロみたいな味なのだから。それで充分です。それにしても、たまねぎを何時間も炒めたり、鶏肉を煮込んだりするのは少しも面倒くさいと思わないのだけれど、だしを取る時にキッチンスケールを持ち出してくるのは、あれはできない。私の友人もみんなそう言っています。

次はオニオングラタンスープ。これは私の得意技のたまねぎを炒める技術が活躍する料理です。

材料はたまねぎ、フランスパン、コンソメスープの素、溶けるチーズ。これだけ。まず、たまねぎをスライスしてバターで炒めます。茶色になるまでだから、三〇分はかかります。たまねぎを炒めた鍋に水を加え、コンソメスープの素を溶かしておきます。フランスパンに溶けるチーズをのせてオーブントースターでよく焼いておく。ココット皿にスープを入れて、上にパンを浮かせる。もちろん、食べる時はパンをスープに浸して食べてください。

【野菜スープ】

いんげん、トマト、セロリを炒め、茅乃舎の野菜スープを入れて煮る。卵の黄身、にんにく、バジルのみじん切り、塩、オリーブオイルを混ぜて、アイヤードソースを作る。スープに好みの量のアイヤードソースを加えて食べる。

【タイ風春雨サラダ】

ヤムウンセンというタイのサラダ。これは家族というよりも、私が好きなもの。辛さをどのくらいにするかがポイントでしょう。私はどんなに辛くても大丈夫ですけれど……。

春雨をゆで、水気を切り、にんにく油をかけて混ぜておく。油を切って、炒めておいた豚ひき肉を混ぜ入れ、きゅうりの千切り、ホワイトセロリと万能ねぎのざく切り、紫たまねぎのスライス、パクチーの茎のみじん切り、ゆでた海老を加えて混ぜ、ナンプラー、にんにくのみじん切り、レモン汁、砂糖、唐辛子を混ぜたドレッシングを加えて和える。最後にパクチーの葉とトマトをのせる。

唐辛子の量で辛さを調節してください。最初は少なめにしておいた方がいいでしょう。

【八宝菜】

思い出のある料理が八宝菜。新婚の頃、主人が「八宝菜が好きだ」と言うので、見よう見まねで作ってみました。そうしたら、主人はほとんど箸をつけず、七割以上、残したんです。私が作った料理のなかでいちばん評判がよくなかったのが八宝菜。それから、何度もチャレンジしたのですが、最初のうちは食卓に八宝菜を持っていったら、「またか」と、ちょっと嫌そうな顔をしていました。

私はこう見えても負けず嫌いなところがあるから「主人が完食するまでは作る」と決めました。そうやって作った八宝菜のレシピです。成田屋の食卓では外すことのできないメニューです。

材料をそろえることが八宝菜の第一歩。豚肉、海老、いか(魚介はどちらも冷凍でいい)、白菜、ピーマン、しいたけ、にんじん、たけのこ、うずらの卵。

材料を切ります。豚肉は一口で食べられるくらい。海老はそのまま。いかも食べやすい大きさに。

白菜はざく切りで、ピーマンは幅二センチくらいに。しいたけ、にんじんは薄切りで。たけのこもスライスしてください。たけのこ、うずらの卵は水煮の缶詰でもかまいません。もちろん、どちらも自分で生からゆでたら、それはおいしくなります。でも、調理時間がかかります。

中華鍋にサラダ油と水を入れて熱したら、豚肉、海老、いかを油通しします。にんじん、白菜、ピーマン、しいたけ、たけのこも同様に。

すべての具が入った鍋に、用意しておいた合わせ調味料（鶏ガラスープ、紹興酒、オイスターソース、塩、砂糖）を投入し、火が通ったら、水溶き片栗粉でとろみをつける。最後にごま油を鍋肌から回し入れて、照りをつけてください。うずらの卵はいちばん最後に。

【團十郎が愛した日常のおかず】

主人の大好物はまぐろとステーキですけれど、そんな高いものばかりが好物というわけではないんですよ。

・缶詰

鮭缶、オイルサーディン、コンビーフみたいな缶詰も実は好きでした。

鮭の缶詰は取り出して、水気を切ったら、上に大根おろしをたっぷりのせる。しょうゆをかけて、酒のつまみにしていました。

「ひとりで一缶の鮭缶は多い。三人か四人で食べるとちょうどいいんじゃないか」

私も食べてみたことがありますけれど、おいしいんです。でも確かにひとりで一缶は多い。それと、おしょうゆはたくさんかけた方がいいですね。缶詰をジャンクフードといっては悪いけれど、そういったものはお上品にするよりも、缶から直接、スプーンで食べるくらいの方がいいんじゃないかしら。へんに気取ったらおいしくなくなります。コンビーフはキャベツと炒める。もしくはサイコロ状に切ったものをセロリと一緒にマヨネーズで和える。この時、少しカレー粉を加えるのが私の流儀です。

缶詰、ウインナーの味付けはカレー粉がいちばん。私はそうしています。ウインナーもうちではオリーブオイルでさっと炒めてから、カレー粉を振る。主人はカレー粉をたくさん振って食べていました。子どもたちは最初「えーっ。何これ」って言っていたけれど、何度か作っているうちに「これがうちの味だ」と言うようになりました。隠れた成田屋の味ですね、ウインナーのカレー粉炒めは……。

そうそう、缶詰やウインナーを食べる時、冷やしたシェリー酒が合うんですよ。そう主人が言っていました。凍結寸前まで冷やしたティオ・ペペに限るとのこと。

・油揚げ、納豆、春雨

油揚げは魚を焼く網で焼いて焦げ目をつけます。厚揚げでもいいですよ。そこに大根おろしをたっぷり。白髪ねぎをのせてできあがり。肝心なところは焦げ目をつけることでしょうね。焦げ目があるかないかでは大違いです。

納豆は丼ものにします。

ゆでたオクラ、納豆、刻みねぎを合わせて、しょうゆとラー油を入れて混ぜておく。ご飯を盛ったら、納豆をのせて、真ん中に温泉卵をひとつ。これ、疲れている時に食べたら元気になりますよ。ラー油のピリッとした辛さが重要です。

私は、春雨が好きです。だから、「今日は何？」って、聞かれたら、「春雨と豚肉炒め」とか、つい、春雨料理を答えてしまいます。

春雨と豚肉炒めはこんなレシピです。

材料は豚のひき肉、春雨、しょうが、にんにく、にら。

にんにくとしょうがをみじん切りにしてサラダ油で炒めておく。豚のひき肉を加える。火が通ったら、鶏ガラスープをカップ一杯加えて、戻した春雨を投入。この時、豆板醤で味付けします。にらは刻んで最後に散らす。豚のひき肉と一緒にしめじを入れてもいいです。辛さが足りない人は一味唐辛子を振ればいいでしょう。

春雨料理のいいところって、ご飯の上にのせると、ひと味違う丼になることじゃないかしら。その時に活躍するのが温泉卵と刻み海苔。春雨と豚肉炒めも丼にする時は真ん中に温泉卵を置いて、海苔を散らすと、おかずで食べている時とまた雰囲気が変わります。温泉卵を加えると、辛みが緩和されます。辛いのが好きな人はそこを考えて調味してください。

春雨と海老の炒めもよくやります。

海老は冷凍のブラックタイガーでいいです。殻付きのものをそのまま使います。

他に、きくらげ、にんにく、しょうが、ねぎ、ザーサイ。

中華鍋を熱して、サラダ油を入れ、にんにく、しょうが、ねぎのみじん切りを入れる。香りが出てきたら、そこに殻付き海老を投入。海老に火が通ったら、戻したきくらげとザーサイの千切りを加えて、戻した春雨を入れ、鶏ガラスープをカップ一杯。味付けは塩、こしょう、ほんの少しのしょうゆ。汁気がなくなったら、できあがり。

・なす

夏になると、なすをよく食べます。マーボーなす、焼いて鰹節をかけたもの。しぎ焼き、天ぷら、ひき肉をはさんで揚げたもの。なすは、煮ても、焼いても、油で揚げても、なんでもおいしい食材だと思います。

なすの中華風おひたしは、なす五個をヘタを取り、皮をむいてラップをして、丸のまま電子レンジ（６００Ｗ）で七分、温めます。

冷めてきたら、手で割って、数本にします。皿に盛ったらたれをかける。最後に白髪ねぎをのせる。たれの割合は酢、しょうゆ、ごま油が各大さじ一杯ずつで、オイスターソースと砂糖が小さじ一杯。朝、作って、昼まで冷やして食べると、ちょうどいい感じになります。

第六章　着物について

【着物のデザイン】

子どもが手を離れた頃ですから、もう二十年ほど前になるでしょうか。ある方から「着物のデザインをしてみませんか」というお話をいただきました。

思わず、「私でいいのですか？」と聞き返したのですが、「ぜひ」と言われて……。よし、やってみようと思うようになりました。

まず主人に相談したら、「いいじゃないか。やってみたら」と背中を押してくれました。それから「じゅらく」というところで着物の仕事を始めました。

私は結婚するまで日常生活で着物を着る機会はありませんでした。お茶を習っていたので、お正月、初釜の時に着ることはあっても、それ以外では着たことはありませんでした。そんな私ですけれど、これまでたくさんの作品を作ってきました。そして、やっているうちにこの仕事は成田屋の文化と非常に関連があることがわかりました。

一般の方が着る着物と私たち役者の女房が着る着物って、少し違うところがあります。嫁いできた時、両親にそれなりにたくさんの着物を作ってもらいました。

「着物を着る機会も多いだろう」

そう思って、父や母が持たせてくれたのです。どれも華やかな柄ばかりでした。両親も私もそれがいいと思い込んでいたんですね。

ですが、実際に劇場でご挨拶する時に着る着物はちょっと違うのです。基本的にはお客さまよりも一歩控えたもの。かといってすごく地味なものでもない。デザインのニュアンスが難しいんです。一般の方が見たら違いがよくわからないかもしれませんけれど、同業の方がたくさんいるところで着るわけですから、あまり出すぎたものにするわけにはいきません。伝統を感じさせつつ、どこかに冒険がなくてはならない。いつも悩みます。でも、それが楽しみなのかもしれません。

私は自分でデザイン画を描くわけではありません。一日のうちに時間を決めて、スケッチしたり、デザインのアイデアをまとめる。それを、「じゅらく」のデザイナーに見せて、話し合いながら着物に仕上げていく。今では留袖から浴衣まで幅広くやっています。

絵やデザインを描くことは嫌いじゃないんです。小学生の頃は、水彩画を習っていました。その頃の楽しみがいまになって戻ってきた感じです。

やっていて楽しいのは婚礼衣裳です。つい最近「じゅらく」とは別に打掛の仕事も始めました。打掛って結婚式に着るものでしょう。結婚式では花嫁が主役です。大きな責任が伴いますが、花嫁さんをいかにきれいに見せるか考えるだけでワクワクしてきます。

私の場合、芝居の衣裳を見ていることが打掛のデザインにはとても役に立っているんじゃないでしょうか。

浴衣のデザインも好きですし、楽しい。成田屋に代々受け継がれている模様を使ったり、それにインスパイアされて、新しい柄を考えたりしています。

たとえば「かまわぬ」の柄。「鎌」「輪」「ぬ」を組み合わせた判じ絵です。「鎌輪ぬ」は「構わぬ」で、七代目團十郎が『累』の与右衛門役でこの模様の衣裳を着て大人気となりました。

「たとえ火の中、水の中でも辞せず、私の命はどうなっても構わぬ」といった心意気を表したもの。息子は浴衣でこの柄をよく着ています。言葉の内容からも、どちらかといえば男性が着るデザインです。

また、定紋の他に替紋があります。こちらは杏葉《ぎょうよう》牡丹と言います。牡丹の花の上に左右から抱きあわせた杏の葉。『助六』の衣裳では三升でなく、こちらの替紋を使います。

うちの柄でいえば「鎌輪ぬ」の次に知られているのが「六弥太《ろくやた》格子」。八代目團十郎が『一谷武者直土産』の岡部六弥太に扮した時、裃にこの文様を使ったので、六弥太格子と呼ばれるようになりました。みなさん、おそらく、手ぬぐいや浴衣で見たことがあると思います。

さて、三升《みます》格子という柄もあります。三升の紋を考案した七代目團十郎が考えたもの。ぱっと見ると、タータンチェックですけれど、同じ太さの縞模様が並んだものです。他にも、私が考えた、というよりアレンジした團十郎格子というデザインもあります。

【着物は着ているうちに慣れてくる】

子どもたちは私の着物の仕事については黙って見ています。

主人が亡くなり、これからは着物の仕事も頑張っていきたいと思っています。二年に一度展示会があるので、その直前になると、もう朝から晩まで着物のことばかり。

面白いもので、作る側に回ったら、着物を見る目や着こなしが変わってくる。ああ、こはこうなっていたのかと、着ている時には気がつかなかったことがわかってきます。そして、他人に着こなしを教えることができるようになりました。やはり、着物の構造を理屈で覚えることができたからかもしれません。

こんな質問も受けます。

「派手な柄の着物をどうやって着ればいいんでしょう?」

私の答えは簡単。

「度胸が大事。派手な柄を着る時は度胸なのよ。いろいろな場所に出かけていって、自信をもって笑っていれば、他人は、似合ってますねって言ってくれる。おどおどした様子をしたら、それだけでダメ。度胸は、派手な柄を着て、いろいろなところに出て行くと自然と身についてきますよ」

この答えは私自身の体験でもあるんです。結婚したばかりの頃、着物を着て、歌舞伎座に行っても、どこか自信がなかった。足が震えるくらい緊張しました。先輩の奥さま方はみなさん、堂々としていらして……。まさに着物を着こなしていました。私は着物が浮いていました。自信のなさが着こなしに表れていたんです。

着物って、着ると楽しいものですよ。男の方でも慣れてくると楽しくなる。

そうね、最初は浴衣から始めればいいんじゃないかしら。

「鎌輪ぬ」の浴衣はどこでも売っています。「六弥太格子」のものも探せばあると思います。浴衣を着て、花火を見に行くだけでうきうきした気分になるでしょう。絶対、着た方がいい。夏に近所のお寿司屋さんへ食事に行く時、浴衣を着ていると、職人さんも歓迎してくれると思います。

浴衣の着こなしですけれど、私は訊ねられると、こんなアドバイスをしています。

ひとつは浴衣の下に肌襦袢《はだじゅばん》、裾よけをつけることで着崩れを防ぐことができます。男性の場合はTシャツ、ステテコでいいです。素肌にそのまま浴衣を着ると、動くたびにずれてきてしまう。肌襦袢、裾よけがあるとないとでは大違い。それに浴衣でも下着をつけておけば冷房の効いた屋内でも震えるようなことはありません。

歌舞伎も、夏は稽古の時、浴衣を着ます。その時、肌襦袢とステテコをつけています。汗が出たら浴衣を替えるのではなく、肌襦袢を替える。今は機能性のいい薄いTシャツがあるでしょう。あれを着ればいいんですよ。そうすれば夏のちょっとした外出に浴衣を着ることができます。

ただ、温泉旅館に泊まって、気楽に過ごす時は肌襦袢、裾よけはなくてもいいです。旅館の浴衣は素肌の汗を吸い取ってくれるものです。汗をかいたら、新しい浴衣を着ればいい。

浴衣の着方ですけれど、下前（右側）を深く入れ込む。そうして、帯をすれば着崩れしにくい。下前を持って深く入れ込むことだけ覚えておいてください。

成田屋の食卓

十月、十一月、十二月

希実子夫人は、海老蔵さん、ぼたんさんの母である。ここでは、子どもたちの好きなものを中心に並べてみた。カレーはインド風チキンカレーと中華味の甘口カレーの二種、インド風は海老蔵さん、中華味はぼたんさんの好物である。鶏料理は子どもたちに人気だった。中華蒸し、白ワイン煮、トマト煮など。あとは定番のいわしのハンバーグにグラタンである。そして現在は、麗禾ちゃん、勸玄くんのおばあちゃん。最近、勸玄くんの大の好物が玄米おにぎり。これが実に手が込んでいる。大葉でおにぎりを包んだあとに、牛肉でしっかりまわりを包む、肉巻きおにぎりなのだ。

團十郎さんを囲んで鍋料理をすることも多かった。松茸のシーズンにはすき焼きを、鶏の水炊きも定番メニューだった。他にも鴨鍋、ちゃんこ鍋など、家族団らんには鍋が格好の料理だった。もちろん、その時の鍋奉行は團十郎さん。夫婦で過ごす時は小鍋仕立ても楽しんだ。

海老蔵さん、ぼたんさんが好きなもの

肉料理はいろいろと作ったが、子どもたちが好きなのは鶏肉料理。特に骨付きの鶏肉が好みで、自然とレパートリーも増えていった。健康のために食べさせたいカリフラワーやいわしも、食べやすいようにひと工夫を加えた。

中華味の甘口カレー

紹興酒のコクと甘みを生かした、カレー風味の煮物といえばいいだろうか。ご飯によく合い、あとを引くおいしさは、ぼたんさんの大好物。

インド風チキンカレー

たまねぎをギー（インド料理で使うバターオイル）で丹念に時間をかけて炒め、ガラムマサラで味付けした本格派。海老蔵さんが好きなカレーである。

鶏の白ワイン煮

希実子夫人が結婚した頃に習ったフランスの田舎料理。胃にもたれないおいしさで、子どもにも好評でよく作ったものである。

鶏の中華蒸し

簡単にできてボリュームもあるので、おかずとして作るのはもちろん、パーティ料理としても人気があった。

鶏のトマト煮とバーニャカウダ

イタリアの家庭の味を教えてくれる料理教室で覚えたもので、鶏肉は前の日から下味をつけるという手の込んだご馳走である。生クリームを加えたマイルドな味のバーニャカウダは熱々のまま食卓へ。

カリフラワーのグラタン

カリフラワーを食べさせようと、子どもが好きなグラタンにしたもの。ベシャメルソースは豆乳で作ってヘルシーに。

肉巻きおにぎり

お孫さんである勸玄くんの大好物は牛肉でくるんだ玄米おにぎり。ご飯と肉の間には大葉がはさまれ、全体を焼き付けることで肉の味もしみたご馳走である。ご飯は小豆を混ぜて炊く酵素玄米。

いわしのハンバーグ

希実子夫人の祖母が千葉の生まれで、よく作ってくれたといういわしやさんまの「さんが焼き」をアレンジしたもの。刺身用の新鮮ないわしなら、さっと焼くだけでもおいしい。團十郎さんの日本酒のつまみにもなった。

伊勢海老と松茸

團十郎さんも海老蔵さんも伊勢海老が大好物。それも豪快に一尾をフライにしたり、みそ汁にしたりして味わう。到来物として食卓に上ることの多い松茸は、すき焼き、奉書焼き、フライ、松茸ご飯と、季節の佳肴を存分に堪能した。

伊勢海老の
フライとみそ汁

旨味が詰まったフライは、他の海老では味わえないおいしさである。みそ汁用は、前の晩から伊勢海老を煮出しておくのが希実子夫人流。味がしみ出て濃厚な味に。

松茸の奉書焼き

香りを存分に味わえるのが奉書焼きである。焼きあがって、紙を開いた時に漂う芳香は何よりのご馳走である。

松茸のフライ

細かいパン粉でサクサクに揚げるのがコツ。松茸の歯ごたえが生きて、口に入れた時に松茸の汁と香りがいっぱいに広がる。

鍋の定番は鶏の水炊き

家族でよく味わった鍋料理である。鶏は築地の鶏専門店から取り寄せている。スープは前の日から準備。一緒に取り寄せた手羽元一五本くらいを、骨も砕くほどにたたいてスープを取るという手のこんだものである。

水菜と揚げの小鍋

京都のご贔屓に教えてもらったもの。味のポイントは昆布と鰹節で取るだしの塩梅。シンプルな材料ながら味わい深く、ポン酢で食べる他に黒こしょうをかけて味わうのも新鮮なおいしさ。

鴨鍋

鴨も好きだった團十郎さんは、小鍋仕立てや、スープにして味わうことが多かった。冬の季節に晩酌をしながら、鴨鍋をつつく姿はさぞや絵になっていたことだろう。

(写真上右)海老蔵さん、ぼたんさんが小さい頃に食卓で。(写真上左)家族で出かけた屋久島にて、團十郎さんが魚をさばく。隣で手伝うのは海老蔵さん。(写真中)リビングルームにてゴールデンレトリバーのナナちゃんと。(写真下右)歌舞伎研究家である河竹登志夫先生の逗子市小坪の別荘で包丁をふるう。(写真下左)家族で祝った團十郎さんの誕生日パーティ。

第七章　三年が経って

【海老蔵襲名】

二〇〇四年五月一日は十一代目市川海老蔵の襲名公演、初日でした。主人は口上で次のようなことを述べました。

「海老蔵という名前は初代團十郎の幼名で、市川家にとっては大切な名跡です。また、團十郎と海老蔵が同じ舞台に立つのは約一五〇年ぶりのこと。しかも、『勧進帳』で私、團十郎が弁慶、息子の海老蔵が富樫として同じ舞台に並ぶことができてとても光栄です。これに勝る喜びはありません」

主人は心の底からそう思っていました。息子との共演をずいぶん前から心待ちにしていました。

主人が演じる弁慶は最後、飛び六方で花道を飛び去って行きます。

「あれ」と思いました。万雷の拍手でしたが、いつもの主人とは少し違うような気がして……。娘も「お父さんらしくない」と言っていました。

私は「成田屋の大黒柱として一五〇年ぶりのことに緊張したのだろうか。……でも、疲れて見えるし、肩で息している」と思いました。

ですが、主人にも息子や娘にも一言も言いませんでした。なんといっても襲名公演です。家族はみんな忙しかったし、おめでたい場でしたから、主人の体調について大げさに騒いではいけないと思いました。

ただ、ふと気になったことはあったのです。まだ公演が始まる前、稽古をしていた主人が珍しく「だるいな」って言ったことがありました。

「風邪かもしれない。それにしても、だるいんだ」

うちに帰ってくると、疲れてすぐにベッドに入って寝ようとしたんです。すると、ちょうど早く帰ってきていた息子が「マッサージしてあげるよ」と主人の身体をもみ始めました。

そうしたら、押さえたところがすべてアザになってしまう。青アザが身体中にできてしまいました。それで、息子は途中でマッサージをやめました。

主人は若い頃から頑健で、病気とはまったく無縁でした。舞台を勤めることだけが趣味で、身体を動かすといえば仕事ばかり。ゴルフもやっていましたけれど、年に一度か二度のことでした。

「身体はかたい」

主人は自分でそう言っていました。

本人は病気にはかからなかったし、体調が悪いという経験がなかった。ですから、身体を鍛えるという考えはありませんでした。

そんな主人を見ていて、私はこんなことを考えていました。

「歌舞伎役者は身体が資本なのね」。何かあったら大変だから、女房としていちばん大切な仕事は主人と家族の健康管理なのだ、と。

青アザの話に戻りますけれど、普通なら数日すれば元に戻ります。ところが、あの時は何日経っても、アザが治りませんでした。

「なかなか治らないな。だが、痛いわけじゃないんだ」

不思議だなといった様子でそんなことを呟いていました。

公演が続いて、三日目あたりからでしょうか。帰ってくると、いつも必ず飲んでいたビールもいらないというんです。口はつけるけれど、飲まない。すぐに休んでしまう。歌舞伎座に行っても楽屋では横になっていたし、酸素スプレーを吸うようにもなりました。いくらなんでもおかしいし、肩で息をしている状態が続くようになってきました。楽屋にお医者さまに来ていただいたりしていたのですけれど、九日目にはついに「一度、検査してもらおう」と本人が言いだしました。

それで、舞台を終えた後、主人と私は娘の運転で病院へ向かったのです。あの時、主人は五七歳、私は五一歳でした。主人は歌舞伎役者として、これからという年齢です。

病院で検査が始まったのですが、なかなか結果が出ません。午前零時を過ぎたので、私と娘は一度、うちに帰ることにしました。

そして……、自宅の近くまで来た時、突然、携帯電話が鳴りました。

「すぐに戻ってきてほしい」

お医者さまからの連絡でした。何かいやな気配が伝わってきました。

娘が車を飛ばし、もう一度病院へ。病室に入ったら、お医者さんが待っていたのです。

そこで、言われました。

「ご主人は白血病です」

最初はよくわかりませんでした。何を言っているのか理解できなかった。白血病なんて、そんなことを言われても……。ただただ、怖くなって震えました。

お医者さんが私に言いました。

「明日からは休演していただきます。すぐに治療を始めます。そして、白血病ですけれど、最近の例ではアンディ・フグがそうです」

主人は「わかりました」と小さな声で答えていましたけれど、私は猛然と腹が立った。だって、アンディ・フグさんって亡くなった方でしょう。いま、ここで、そんなことを言われてもと頭にきたんです。

〈急性前骨髄球性白血病〉

十二代目團十郎の病名は急性前骨髄球性白血病。白血球の成長が変異して、がん化し、急激に増加する。骨髄のみにとどまらず、血液中にも白血球の細胞があふれてくる。本来、骨髄は造血の場なのだが、そこを白血球細胞が占拠するために造血が阻害される。

赤血球が不足するため酸素が足りなくなり、激しい息切れが続く。また、血小板の激減により、止血能力も低くなる。体内の血管が切れやすい状態になるため、脳や内臓の血管が切れてしまったら、重篤に陥る。治療は抗がん剤による化学療法、輸血、感染症対策、骨髄移植、臍帯血移植などがある。


【ただ泣いた】


私と娘は病室を出て、息子が待つ自宅に戻ることにしました。

主人の病室でも、自宅に戻る車中でも私は泣きませんでした。泣いてはいけないと、それればかり考えていたからです。

ですが、うちに帰って、息子の顔を見たとたん、廊下に崩れ落ちて、それからずっと泣きました。

泣いていましたけれど、息子には休んでもらわないといけないとも思っていました。翌日の公演もお客さまがいらっしゃる。それを忘れてはいけない、と。

息子もつらかっただろうと思います。あの日は三人とも一睡もできなかった。

五七歳でしたから、まさか病気になるなんて、誰も思っていないんです。それも、白血病ですよ。実感のわかない病気でした。

それまで主人は何があっても矢面に立ってくれました。何でも相談していましたし、何でもやってくれた人です。

ごみを出してくれたことはないけれど、あとは何でもやってくれました。家庭的な人かといえばそうではなかったかもしれませんが、堀越家の大黒柱で、私はすべてにおいて主人を頼っていました。

それから約一〇年間、闘病が続きました。寛解になり、再発し、また寛解し……。良くなったり、悪くなったり……。

〈寛解〉

十二代目團十郎は発病の後、三か月の入院を経て医師から「寛解」を告げられた。

寛解とはがん治療に際して、検査でがんが確認できず、正常細胞に悪影響を与えない状態をいう。病状が落ち着いて、臨床的に問題がない程度になったことであり、白血病が治ったという意味ではない。

【療養中の食事】

闘病中、病院で看護にあたってくれたのは娘の智英子でした。むろん、私も病院へ行きましたけれど、襲名公演は続いていましたから、劇場に行ったり、仕事関係の打ち合わせに出たりしなくてはなりませんでした。ほんとうに娘には感謝しています。彼女がいなければどうなっていたのだろうかと思います。

白血病という病気は免疫力が低下するものです。本来、白血球は風邪などのウイルスと闘う細胞です。しかし、それが異常をきたしているので、身体を防御する機能が働かない。さらに、抗がん剤で白血球の細胞をたたかなくてはならないのです。

主人の場合、白血球がゼロになってしまうこともありました。看護に付き添う人間も風邪をひいてはいけないし、病室のなかに生花を置いてもいけない。何らかの菌がそこにあるかもしれないからです。そして、最初のうちは食事も病院が出したものだけです。うちから持っていくこともできませんでした。

食事は基本的に加熱食です。生はダメです。お刺身、お寿司はもってのほか。レアステーキもダメ。しっかりと火が通ったものしか食べてはいけないのです。

元気になってきても、白血球の数値を見ながらでした。

成田屋の食卓はすっかり変わりました。

病院食を主にして、主人が食べたいものを少し持っていく。例えばウナギだったり、白身魚の煮つけだったり……。ある日、どうしてもお寿司が食べたいと言ったので、白血球の数値を見てから、お寿司を買ってきました。生のまぐろは心配だったけれど、ひとつ入れてもらいました。あとは、あなごとか海老、卵焼き……。火の通ったネタです。免疫力が上がってくれば好きなものを食べてもいい。でも、少しでも体調が悪いと加熱食になります。

私も味見をしましたけれど、加熱食はおいしいものではありません。ご飯でもパサパサに炊いてある。お肉も脂身をはがしてあります。焼くよりもボイルした方がいいらしく、ゆでたものばかりでした。味気ないものです、ほんとうに。強火で水分が飛ぶまで煮るのです。

主人が喜んだのは、ひじきの煮もの、卵焼きでした。

そして、退院してうちに戻っても、しばらくのあいだお寿司やお刺身は食べませんでした。私たちが気を遣うというよりも、本人が白血病について勉強していて、何を食べればいいかをよくわかっていたのだろうと思います。外食はしなくなりましたし、お酒を飲むことも少なくなりました。それがほぼ十年間ですから、意志の強い人です。それもこれも舞台に出たいという一心だったのだと思います。

最初の入院の時が思えばいちばん大変でした。

娘は看病のために病院に泊まり込み、私は息子のサポートをしました。三か月間の襲名興行の間、朝ごはんを作り、息子を送り出してから、劇場で昼夜ともに挨拶に立ちました。上演中は病院に行って、また劇場に戻る。夜は家で息子に食事をさせる。また、襲名ですから、地方でも初日の挨拶には行きました。その時には主人は退院していましたけれど。あの年のことは忘れられません。

入院する前の症状って風邪と同じなんです。微熱があって、体がだるくて、食欲がない。血尿が出るわけでもないんです。特有の症状と言えば内出血でした。

二〇〇五年に再発した時、病院を変わりました。セカンドオピニオンを聞いて、では、変えてみようといったのは主人の決断です。

二度目の時はずっと病院食でした。なかなか数値がよくならないので、病院が出すものを食べなくてはならない。ほんとうに、普通の時はまったく普通なんですが。食欲もありましたし。

病気になっても好物というのは変わらないんですよ。やっぱりまぐろとステーキ。食べたいというと、まぐろとステーキでした。あと、鯛のお刺身でしたね。

【パリへ行く】

〈パリ公演　シャイヨー劇場〉

シャイヨー宮は一九三七年のパリ万博のパビリオンとして建てられた。セーヌ川右岸の高台にあり、敷地には劇場の他、海洋博物館、人類博物館、映画博物館がある。

二〇〇四年の海老蔵襲名パリ公演は一四日間。演目は『鳥辺山心中』、襲名披露口上、『春興鏡獅子』。共演は尾上菊之助、市川右之助、片岡市蔵。

八月に退院したものの、主人は健康体に戻ったわけではありません。あくまでも寛解で、治療中でした。それなのに、一〇月にパリへ行くという。

「病気は寛解になったから、僕は行く」

主人はその一点張り。

私はもちろん大反対です。最後の最後まで反対しました。まだ微熱は続いていたんです。でも、本人は絶対に行くという。病院にいる時からひとりでお医者さんに相談して、行くと決めていました。

最後は仕方なく、主人の意思に従いましたけれど、疲れないようにと万全の準備をすることにしました。

まず、公演の内容は変えていただきました。当初は息子との『連獅子』が予定されていました。でも、『連獅子』なんて、首を何十回と回す。そんなことを毎日やったら、健康体ではないのに大変なことになります。

私は主人の演目に対して、それまでもそれからも一言も意見を言ったことはありません。素人がプロに余計なことを言ってはいけないと控えていました。絶対に口は出しませんでした。でも、『連獅子』だけはどうしてもやめてほしい」と反対したんです。

私だけでなく、息子、娘、関係者全員が大反対でした。それで、『連獅子』は息子だけで、『鏡獅子』になりました。口上だけはフランス語の勉強をしていたので、最後までやり通しました。

私たち家族が準備したのは芝居のことだけではありません。事前にパリにいる知人に病院を調べてもらい、日本の先生からフランス語で紹介状も書いていただきました。

食事の内容も考えました。その頃は何を食べてもよくなっていたのですけれど、フランス料理のレストランへ行くと時間がかかって疲れると思ったので、なるべくホテルのなかで済ませることにしました。

パリの知人で、レストランをやっている方が、毎日日本食のお弁当を用意してくれました。また、朝はホテルのキッチンでご飯を炊いて食べましたね。前にも述べましたが、この時一度だけ、主人が朝からまぐろの寿司を握って、みんなにふるまってくれました。ほんとうはそんなことをしてはいけなかったのでしょうけれど……。

家族みんなで支えて、なんとか乗り切ることができたのが、あの時のパリ公演でした。その後、パリ・オペラ座、モンテカルロ・オペラ座で歌舞伎公演をやっていますけれど、日程も短かったし、シャイヨー宮での経験があったので、精神的には楽でした。最初の時はほんとうに病み上がりでしたから、はらはらしたものです。

【役者にとってお客さまは薬】

シャイヨー劇場で一四日間の芝居をやっているうちに、主人は元気になっていきました。お客さまからの拍手、歓声のおかげです。毎日満席で、最後は「ブラボー」の声……。

日本人ばかりでなくフランスの方がずいぶんと多かったのです。通訳の方もとても上手だったのだと思います。東京大学でフランス語を教えている方が日本の古典の言葉をフランス語でもちゃんと古典に訳して、向こうの方が言うには「格調の高いフランス語」とのことでした。

言葉を大切にする国ですから、訳し方も重要だったのですね。

それに、観客の方々は物珍しいから歌舞伎を見に来たのではないんです。一般の日本人よりも歌舞伎や古典に詳しい人ばかり。勉強をしていて、話の内容もちゃんと理解している人たちが観客でした。

拍手のポイントも「わかっているな」という感じです。

そうしたいいお客さまが集まっていると、役者も力が出るのでしょうね。主人も「エネルギーをいただいた」と言って喜んでいました。なんといっても、おつきあいで来てみたという人がひとりもいない会場でした。

「海老蔵の襲名だから見てみたい」

「口上を聞きたい」

「成田屋のにらみを感じてみたい」

そういうフランス人のお客さまだったのです。

パリの新聞の劇評でもほめていただきましたし……。大成功だったと思います。

「日本の文化を海外に広めることに使命感を感じる」

主人も息子もそのことはよく言っていましたね。

少し、話は変わりますが、今年（二〇一六年）の春、息子がニューヨークのカーネギーホールで公演をしました。その時、私は自然と涙があふれてきました。劇場の雰囲気と『鏡獅子』が、絶妙なバランスでマッチしていたのです。舞台装置はなくシンプルなのですが、それが逆に場の緊張感を生んでいました。また、音響が抜群で、地方《じかた》さんの演奏にも迫力がありました。ホールは約二八〇〇席。一日だけでしたけれど、ソールドアウトで、ほんとうに素晴らしかった。アメリカ人のブラボーって、大きな声なんです。パリとは比較にならないくらい、ほめるのが大げさでしたけれど、それはうれしかった。やはり、ほめる時は、多少オーバーに感情を表した方がいいみたい。すごかったです。


【骨髄移植】

闘病中、主人が「無間地獄の苦しみ」と言っていたのが二〇〇五年の一度目の骨髄移植でした。自家移植といって、患者自身の細胞を移植する方法。骨髄移植をするに際して、強い抗がん剤を投与します。その時に副作用が出て、見ていられないほど、本人は苦しみました。

食欲はなくなり、発熱、肌に湿疹、そして、猛烈なかゆみが襲ってきます。主人が無間地獄と言ったのはこの抗がん剤の副作用でした。時には通常の五倍もの濃度の抗がん剤を使ったこともあり、真っ青になって震えていました。

お医者さまの話によれば「人間の身体が耐えうるぎりぎりの量」とのこと。食欲はありません。まったく食べられなくなり、ただ、病室のベッドでじっと寝ているだけです。言葉も出ませんし、しまいには目を開けることもできない。ただ、我慢しているのは伝わってきます。震える手で、病室にいる私、娘に「水を飲ませてくれ」と合図をするだけ。

我慢強い人でしたけれど、これほどとは思いませんでした。ただ、自家移植をして、一〇日も経つと、やっと体力が回復してきて、目に力が戻ります。人間の生きる力は目に表れるのだなとその時、思いました。

一度目の移植からしばらくは状態も落ち着き、仕事もしていました。しかし、貧血症状が出るようになって、このままにしておくと白血病の再発につながるということなので、再度移植することにしたのです。

二度目は主人の妹から骨髄を提供してもらう同種移植でした。義妹から造血幹細胞を採り、移植。その後、義妹がO型だったので、O型の赤血球を輸血。

本来、主人の血液型はA型です。でも、移植したとたんO型に変わってしまう。

「おい、これまではA型の血液型占いを読んでいたけれど、これからはO型を読まなきゃならないんだな」

そんな冗談を言う余裕もありました。自分の血液型が変わるということがとても不思議だったのでしょう。

二度目の移植の副作用では、「またかゆみが始まった」とぽつりとつぶやいていました。それで、また我慢の日々です。ただ、義妹のおかげもあって、同種移植は成功でした。みるみる元気になって、それからは普通に仕事をすることができたのですから。そうですね、それから四年くらいは主人にとっても家族にとっても平穏でした。

【二〇一三年の年の初め】

二〇一三年の松が取れた一二日のことでした。主人は年末から肺炎を起こして入院しており、お正月もうちには戻れない状態だったのです。

お医者さまから連絡があり、「酸素濃度が下がったので、これから集中治療室へ入れます」とのこと。

肺が取り込む酸素量が少ないので、集中治療室に入って酸素マスクをつけることになったのです。あわてて病院に駆け付け、主人の病室を片付けました。集中治療室はいままでの病室よりも狭くなるので、私物は持ち込めません。

そうやって荷物を整理している時、悲しい気持ちになりました。けれど、ダメだ、そんなこと考えてはいけないんだと、主人の前では明るく振る舞おうと思いました。

マスクをつけるともう何も食べられません。それで、私は牛肉をことこと煮てやわらかくしたものを持って集中治療室へ行ったのです。せめて、何か口から食べてもらおうと思って……。シチューみたいな料理です。食べて、元気になってもらいたかった。でも、「うまそうだな」とは言ったけれど、もう、食べられませんでした。

【麻央ちゃんへ】

数日後、人工呼吸器を装置することになりました。お医者さまから説明を受けて、「お願いします」とうなずいた後、主人はひとつ、付け加えました。

「先生、私は、延命治療はしたくありません」

まだ意識がはっきりしているうちにこれだけは言っておこうという気持ちだったのか、はっきりと言いました。

ただ、お医者さまは「延命とかそういう治療ではありませんよ。安心してください」とにこっとされたのを覚えています。

人工呼吸器をつける前、その日は大雪で、息子は芝居があるからいなかったのですが、家族みんなでベッドを取り囲みました。そこで、主人はノートに言葉を記しています。ちょうど、勘玄が生まれる一か月前だったから、丈夫な孫が生まれるように祈る気持ちだったと思います。

このとき主人が書いたノートは娘が持っています。

「寒いし雪に気をつけて
みんな良い人で僕は幸せです
麻央ちゃんおなかの子大切に
本当にありがたい嫁さんです」

人工呼吸器は気管のなかにまで管を通すから、もう、口からは食べられないし、水も飲めません。点滴だけです。ただ、口は水をほしがるので濡らしたガーゼで口に水を含ませてあげることしかできません。

そういう生活が亡くなるまで二週間は続きました。

人工呼吸器をつけたら、もう何も食べられないのですが、ある日、高麗屋（九代目松本幸四郎）さんがお見舞いを届けてくださいました。赤ワインで煮た牛肉のシチューでした。レストランに頼んで、わざわざ作ってくださったと聞きました。

「ありがたい。お礼をしなきゃ」

まだしゃべれることはしゃべれるんです。

でも、見るだけでやはり口に入れることはできませんでした。人間は口から食べないと体力がなくなってしまうんです。栄養は補給されていましたが、みるみる痩せていきました。あれだけがっちりした人だったけれど、点滴だけでは体重は増えていきません。そのうち、意識はあるけれど、話ができないようになって。

私と娘は毎日、病室へ行くんです。ただただ、見守るだけでした。

ベッドの周りには医療機械がいくつもあります。脈拍、血圧といったデータが全部わかる。でも、話すことができないので、私は手を握り締めて「元気になってね」と伝えるくらい。

主人は『勧進帳』の音楽が好きだったから、iPodで音楽を聴かせたり、歌舞伎の音だけを流したり。それはずっとやっていました。話ができないし、話をしようという動作をさせると苦しくなるだろうから、ずっと音楽を聴いていてもらいました。

息子は浅草で芝居に出ているため、なかなか病室に来ることもできませんでした。役者の家はそういう時つらいものです。麻央ちゃんも看病に来ましたけれど、なんといっても臨月ですから、長くいると身体に障ります。主人は麻央ちゃんの身体をほんとうに心配していました。

【二月三日】

亡くなる前は、もう目を閉じて、黙って寝ているだけです。私はそばにいて、iPodのイヤホンを差してあげるとか、唇を濡らすとかそれくらいしかできません。あとは私もただじっと座っているだけです。

何かの拍子にふと、思い出したのは主人の舞台のこと。

主人は病気になってからの方が、一つ一つの役に対する思いが強かったように見えました。若い時がダメなのではなく、病気をしてからの方が、芸に深みが出たのかなと感じました。それは芸や技術というよりも、年齢や体調、環境によって考え方が変わったからではないでしょうか。

若い時は力を入れて演じる部分があるけれど、病気を経験してからは力を抜いて身体全体を使って演技しているように感じました。そういう気がしてなりません。

それは息子も同じです。

先日、息子が『寺子屋』の松王丸を演じたのですが、子どもが生まれる前よりも芝居に深みを感じました。やはり感情の出し方が違うように感じます。人間ですから、どうしても、自分の子どものことを考えてしまうのではないでしょうか。見ている私たちだって、自然とそう考えてしまいます。

「自分の子がこういう立場になったら、どうしよう」と思って、表現を考えるんじゃないでしょうか。いいえ、息子ともそんなことを話したわけではありませんから、わかりません。わかりませんけれど、違いを感じました。

私、あの時は、見ていて、ほろっとしました。そんなことを感じたのは初めてのこと。人工呼吸器の他に透析治療も行いました。腎臓に負担が出てきたので、それを減らすための透析です。透析しただけで体重が二キロくらい減るという大変な治療でしたけれど、もう、私たち家族は「とにかく頑張って」と祈るよりほかにはありませんでした。

亡くなった日のことは、はっきりと覚えています。でも、何といってもよく見ていたのは娘です。娘が記録しておいてくれてよかったと思っています。


〈堀越智英子の記録。著書『ありがとう、お父さん』より〉

「品川から病院までは一本道。日曜日の夜、道は空いていた。私の嫌いな日曜日。人も車もいない。足を止めるのは信号だけ。

幼い日の何かがなくなりそうな喪失感が蘇ってきた。電話が鳴った。

『まだなのっ！！！』

母の声。父を呼び止めることに必死で、なんと言っていたか記憶にない。

タクシーを降り、集中治療室まで走った。

飛び込んだ病室は、私が知っている昨日までの様子と全く違っていた。家族と先生方が父を囲み、汗だくになって心臓マッサージを続けていた。モニターを見ると、いつもしっかりと動いていた波が、かすかに反応をしているだけだった。たじろぐ私に、

『話しかけてあげて』

一時間も心臓マッサージを続けた父の胸は無惨なことになっていた。こんなになるまで待っていてくれた。それだけで充分だった。

それでも、私はどうしても父に伝えたいことがあった。それは今までに伝えられなかったこと。

『ありがとう。愛してるよ』

父が息を引き取ったのは、私が病室に飛び込んでから四分後のことだった。」

【三年目】

二月三日で三年が経ちました。みなさんが私や家族を気遣ってくださって、あっちへ連れて行ってくださったり、こっちへ連れて行ってくださったり。食事を一緒にしてくださったことにいちばん感謝しています。大きな家に自分ひとりだったら、どうなって

いたかわかりません。考えるのもいやです。

息子、麻央ちゃん、孫たち、義妹、そして、娘がいなかったらダメでした。みんなに感謝です。

娘には特に感謝ですけれど、でも、彼女に頼ってばかりではだめですね。

我が家の仏間には神棚と、初代から八代目までの團十郎をお祀りしてある仏壇が同居しています。

神棚にはつねに榊を祀っておく。あとはお水を上げて、お参りする。お米とお塩は、一日と一五日に替えます。また、仏壇にもお参りします。そちらにはお線香をあげて、水を替えます。そして、毎朝主人と会話しています。

【麻央ちゃんに伝える我が家の味】

成田屋の味ってなんだろうと思うと、まぐろのお寿司とステーキかしら。でも、ふたつともいい材料があればそれなりにおいしいもの。

それであらためて考えて、思い出したのが風邪を治すためのみそ汁、それからラタトゥイユ。両方とも、うち独特のレシピです。

みそ汁はごぼうとしょうが入り。どちらも大根おろし器でおろします。それにみそをスプーン一杯入れて、熱湯で溶く。昆布だしを加えてもいいですよ。

ちょっと熱が出たなという時は、熱さましの薬よりもこのみそ汁の方が身体にいい。成田屋の「にらみ」ほどの効き目はないかもしれませんが、このみそ汁があれば風邪はひきませんし、ひいても治ります。

私は自分の具合が悪くなると、いつもこれを飲んでから寝ます。身体が温まるし、ぐっすり眠ることができます。

はちみつをお湯で溶かして飲むこともあります。甘いから飲みやすいけれど、でも、ごぼうとしょうがの方がなぜか効くように思います。はちみつは胃腸がよくない時にいいのじゃないかしら。私はそうやっています。熱を冷ますという感じではありません。

あと、はちみつは、料理に入れます。

ものによってですけれど、例えばポテトサラダなどは、ちょっとはちみつを入れるだけでおいしくなります。甘みよりもコクがでる。

夏に必ず作るのがラタトゥイユ。使い道がたくさんあります。これにもほんの少し、はちみつを入れます。

材料はトマト、たまねぎ、パプリカ、ズッキーニ、なす、トマト缶、にんにく、オリーブオイル。

鍋にオリーブオイルをひいて、にんにくを入れる。香り付けです。炒める順番はたまねぎ、パプリカ、ズッキーニ、なすの順です。最後にトマトとトマト缶を入れる。味付けは塩とほんの少しのはちみつ。

これはグラタンにしてもいいし、パスタにもなります。グラタンにする時は上にチーズをのせてオーブンに入れるだけ。

パスタにする時はゆでたパスタとからませる。野菜を食べるための料理です。

健康って、つくづく大事だと思います。私は主人の一〇年近くの闘病生活を見ていましたから、食事がどれほど大切かが、よくわかりました。人は口からおいしいものを食べないと健康を維持することはできません。

麻央ちゃんは息子と結婚してからずっと、「健康にいいものを食べさせる」と頑張ってきました。息子も麻央ちゃんの言うことを素直に聞いて、外食よりもうちの食事を大切にしているようです。

麻央ちゃんの成田屋の味は野菜ですね。天ぷらを揚げるのも上手だけれど、サラダは絶品ですよ。彼女が作ったものは何度も食べています。孫たちはまだ小さいから、ハンバーグ、ミートソースみたいなものが好きです。その時には必ず野菜サラダやラタトゥイユを付けあわせに作っていると聞きました。

役者の女房は子どもが小さい時がいちばん大変です。朝も夜も子ども用のごはんを作って、一緒に食べる。そして、子どもたちを幼稚園なり、小学校なりに送り出してから、夫のごはんを作らなければならない。夜は子どもたちが寝た後、帰ってくるので、もう一度、食事を作る。一日に五食を作ることもあります。

麻央ちゃんには、これからも少しずつ料理を伝えられたらと思っています。豆腐としらす、枝豆の和え物、はまぐりと豆腐の小鍋……。そんなものでしょうか。

実はこの本を書こうと思ったのは、麻央ちゃんに読んでもらいたいと思ったから。

私がやることは歌舞伎の家のしきたりと料理を彼女に伝えること。そして、彼女がそれを次の世代に伝えてくれればいい。それはずいぶんと先の話かもしれないけれど、主人の母親も、そうしたかったのではないかと思います。

歌舞伎の家のしきたりについては、私は番頭さんから教わりました。でも、料理は教えていただく機会がなかった。それだけは残念なんです。ですから、成田屋に伝わる味というものがまだまだ少ないわけでしょう。麻央ちゃんには頑張って、いろいろ料理を作ってもらいたい。そしてそれを残してもらいたい。

伝統の世界にいると、長く続いたものを残す、あるいは伝えていくということがいかに大事なのかがよくわかります。主人は、成田屋の伝統を守りながら、自分の工夫を入れていました。

料理も同じ。成田屋の食卓は私が伝えたものに麻央ちゃんが工夫を加えるもの。それが本当の家族の味だと思います。

レシピ

P21

【酢牡蠣】材料（4人分）

牡蠣……………………8個
万能ねぎ（小口切り）…約10㎝分
大根おろし………………約5㎝分
寿司酢……………………大さじ1
昆布だし…………………適量
一味唐辛子………………少々

〈作り方〉

①牡蠣をむき、大根おろし（分量外）で洗う。水で洗い、水気をふきとる。

②寿司酢を好みで昆布だしで割り、牡蠣を和える。

③大根おろし、万能ねぎ、一味唐辛子をかける。

【牡蠣フライ用タルタルソース】

材料（4人分）

たまねぎ………………1／4個
ピクルス（大）…………1個
ゆで卵……………………1個
マヨネーズ………………1／2カップ
レモン汁…………………大さじ1
ウスターソース…………小さじ1
タバスコ…………………少々
パセリ（みじん切り）……適宜

〈作り方〉

①たまねぎ、ピクルス、ゆで卵をみじん切りにする。

②マヨネーズ、レモン汁、ウスターソースを混ぜ、タバスコを加えて①を和える。

③好みでパセリを散らす。

P23

【鴨スープ】材料（4人分）

鴨団子
　鴨ひき肉………………200g
　万能ねぎ（小口切り）1／3束分
　酒、みりん……………各小さじ2
　塩、こしょう…………各適量
水菜………………………2束
しいたけ…………………4個
酒…………………………適量
昆布………………………10㎝
薄口しょうゆ……………適量
しょうが汁………………大さじ1

〈作り方〉

①前日から昆布を水1ℓに浸しておく。

②水菜は一把だけ取りおき、残りは5㎝くらいに切っておく。

③鍋に合わせて酒と①の昆布だしを同量入れ、沸騰したら水菜一把を入れ、薄口しょうゆで味を決め、しょうが汁を加える。水菜は取り出す。

④鴨団子の材料をよく練り、スプーンですくって団子状にして鍋に落とす。切っておいた水菜、しいたけの薄切りも入れて火を通す。

【菜の花の和え物】材料（4人分）

菜の花……………………1束
マヨネーズ………………大さじ2
和からし…………………小さじ1
しょうゆ、酢……………各少々
刻み海苔…………………適量

〈作り方〉

①菜の花は塩少々（分量外）を加えた熱湯でさっとゆで、冷水に浸し、ざるに上げる。水気をきり、食べやすい大きさに切る。

②マヨネーズ、和からし、しょうゆ、酢を混ぜ合わせ、菜の花を和える。仕

上げに海苔をかける。

【きんぴらごぼう】材料（4人分）
ごぼう……1本
しょうゆ、みりん……各大さじ1
砂糖……大さじ1／2
ごま油……大さじ1
昆布だし……大さじ2
黒ごま、酢……各適量

〈作り方〉
①ごぼうをできるだけ細く切り、酢水につける。
②フライパンにごま油を入れ、水気をきったごぼうを炒め、5分ほど炒めたらしょうゆ、みりん、砂糖、昆布だしを加え、汁気がなくなるまで炒め煮にする。
③黒ごまをかける。

【ポテトサラダ】材料（4人分）
じゃがいも……4個
きゅうり、にんじん……各1／2
紫たまねぎ……1／4個
コンソメ……1個
ゆで卵（みじん切り）……2個分
マヨネーズ……大さじ4
和からし……小さじ1
はちみつ、塩……各少々

〈作り方〉
①じゃがいもは皮をむいて、適当な大きさに切って鍋に入れ、水、コンソメを加えてゆで、粉ふきにしておく。
②きゅうり、にんじんを薄切りにし、軽く塩をしてから水を絞る。紫たまねぎは薄切りにして水にさらし、キッチンペーパーでよく水気をきる。
③ボールに①と②を入れ、マヨネーズ、和からしを加えて混ぜ合わせ、はちみつで味を調える。ゆで卵を散らす。

P24

【鶏のそぼろご飯】材料（4人分）
鶏ひき肉……400g
しょうゆ、みりん……各50cc
砂糖（または、はちみつ）大さじ1
しょうが汁……1片分
しらす、刻み海苔、ご飯……各適量

〈作り方〉
①しょうゆ、みりんを鍋に入れ、鶏ひき肉を入れてほぐしてから、火にかける。
②砂糖を加え、5～6本の菜箸で混ぜながらバラバラにほぐれるように火を通していき、汁気が少々残るくらいになったら、しょうが汁を入れる。
③ご飯に②、しらす、刻み海苔をのせる。

P61

【タイ風春雨サラダ（ヤムウンセン）】
材料（4人分）
むき海老……100g
豚ひき肉（赤身）……100g
緑豆春雨……80g
紫たまねぎ……1／4個
ピーナッツ……大さじ2～3
ホワイトセロリ、きゅうり……各1／2本
万能ねぎ……3本
パクチー……2把
プチトマト……1パック
にんにくオイル……大さじ2
酒……適量
たれ
生唐辛子（赤、緑）……2～5本
にんにく（みじん切り）……1～2片分
ナンプラー……大さじ3

砂糖……………大さじ1
レモン汁…………大さじ4

〈作り方〉

①海老は背わたを取り、酒少々を入れた湯でゆでておく。豚ひき肉はフライパンに大さじ3の水を加え、そぼろ状に炒っておく。唐辛子は輪切りにする。

②パクチーは葉と茎を分け、茎はみじん切りにし、葉は粗く刻む。紫たまねぎ、ホワイトセロリ、万能ねぎはざく切り、きゅうりは千切り、ピーナッツは粗く刻み、プチトマトは4等分に切る。

③たれの材料を混ぜる。

④春雨をさっとゆで、ざるにとって水気をきり食べやすい長さに切る。にんにくオイルをまぶし、全体になじんだら油をきる。

⑤春雨とパクチーの茎、その他の具をすべて合わせ、味の加減をみながらたれを加えて混ぜ合わせる。飾り用のプチトマトとパクチーの葉を飾る。

P62〜63 ――――――

【きゅうりの酢の物】材料（4人分）

きゅうり………………2本
塩蔵わかめ………………30g
大葉………………5枚
しょうが（小）…………1片
みょうが………………1個
すりごま…………大さじ2
寿司酢…………大さじ2〜3

〈作り方〉

①きゅうりは塩（分量外）で板ずりし、薄切りにして水気を絞る。

②わかめは湯通しして細かく切る。しょうがはみじん切りにし、大葉は千切り。みょうがは半分に切って、薄切りにする。

③すべての材料を混ぜ合わせ、寿司酢で和える。

【豆腐としらす、枝豆の和え物】
材料（4人分）

木綿豆腐………………1丁
枝豆（枝付き）…………300g
釜揚げしらす…………100g
ごま油………………少々
塩、こしょう…………各少々
しょうが（すりおろし）…小さじ1
すだち………………1/2個

〈作り方〉

①豆腐は水きりをし、枝豆は枝からはずし、塩ゆでしてさやからはずし、薄皮をむく。

②ボールに豆腐を入れ塩、こしょうをして、しょうがを加え、豆腐を崩しながら混ぜる。枝豆も加えて混ぜる。

③②を器に盛り、ごま油をかけ、すだちを搾り、最後にしらすを上に散らす。

【鶏のから揚げ】材料（4人分）

鶏もも肉………………2枚
おろしにんにく…………1片分
しょうが（すりおろし）…小さじ1
塩、こしょう…………各適量
酒、しょうゆ…………各大さじ2
片栗粉、レモン、揚げ油…各適量

〈作り方〉

①鶏肉を一口大に切り、塩、こしょう、にんにく、しょうがをもみ込んでひと晩おく。

②鶏肉に酒、しょうゆをまぶして少しおき、片栗粉をつけて揚げる。

③器に盛り、レモンを添える。

P66

【鉄火丼】　材料（4人分）

まぐろ……………1さく
しょうゆ、みりん……各大さじ2
卵黄……………1個分
ご飯……………4膳分
寿司酢…………大さじ4
わさび、海苔………適量

〈作り方〉

①ご飯に寿司酢を混ぜ、酢飯を作る。
②まぐろを薄く切る。しょうゆ、みりん、卵黄を混ぜ、まぐろを3分ほど漬ける。
③器にご飯を盛り、海苔をちぎってのせ、まぐろ、わさびをのせる。

【まぐろの混ぜ寿司】材料（4人分）

まぐろ……………1さく
しょうゆ、みりん……各大さじ1
卵黄……………1個分
アボカド…………1個
レモン汁…………1/4個分
プチトマト………1パック
酢飯（鉄火丼参照）……2合分
わさび、しょうゆ……適宜

〈作り方〉

①まぐろを薄く切り、鉄火丼の要領で5分ほど漬ける。
②アボカドの皮をむき、食べやすい大きさに切り、レモン汁をかけておく。トマトは湯むきして4等分する。
③酢飯を器に盛り、①と②をのせる。食べる時に混ぜ合わせ、好みでしょうゆ、わさびを加える。

P68

【鯛のカルパッチョ】材料（4人分）

鯛の刺身…………4～6人分
うに……………2パック
芽ねぎ……………1束
ソース
　みょうが（みじん切り）……4個分
　にんにく（すりおろし）……1片分
　生クリーム………大さじ4
　レモン汁…………大さじ1
　塩、こしょう………各適量

〈作り方〉

①皿に鯛の刺身を並べ、中央にうにをのせ、約5㎝に切った芽ねぎを散らす。
②ソースの材料を混ぜ、うにの上にかけて、うにとソースをよく和える。最後に鯛と混ぜ合わせる。

P70

【鯛の兜蒸し】材料（2人分）

鯛の頭……………1尾分
昆布……………約15㎝
酒……………大さじ2
塩……………小さじ1/3
あさつき（小口切り）、ねぎ、もみじおろし、ポン酢……各適量

〈作り方〉

①鯛の頭は半割りにして冷水で洗い、熱湯をかける。
②皿に昆布を敷き、鯛の頭をのせ塩をふって、しばらくおいてから酒をふりかけ、ねぎを添える。
③蒸し器に皿ごと入れ、蒸気が上がったら弱火にして10分蒸す。
④小鉢にぽん酢を入れ、もみじおろし、あさつきを添える。

P71

【鯛茶漬け】材料（2人分）

鯛の刺身……………1さく
ご飯…………………2膳分
わさび………………適量
たれ
　すりごま…………大さじ2
　しょうゆ、みりん…各大さじ2
　みそ………………大さじ1
だし………鯛のアラ半身分でだしをとっておく。

〈作り方〉
①たれの材料を混ぜ合わせておく。
②器にご飯を盛り、鯛の刺身、たれ、わさびをのせる。
③あつあつのだしをかけていただく。だしの代わりに番茶をかけても。

P72 ――

【きんきの中華風蒸し物】材料（1人分）
きんき………………1尾
しょうが……………1片
ねぎ…………………1/2本
オイスターソース……大さじ1
紹興酒………………大さじ2
パクチー……………1/3カップ
豆豉…………………大さじ1強
ごま油………………大さじ2
塩……………………小さじ1弱

〈作り方〉
①しょうがとねぎは千切りにする。耐熱皿にきんきをのせ、塩をふり、しょうがとねぎの半量をのせる。
②オイスターソースと紹興酒を混ぜてかけ、豆豉を散らし、蒸気の上がった蒸し器に入れ、中火で15分ほど蒸す。
③皿ごと出し、しょうがとねぎを除き、残りのしょうがとねぎをのせる。
④ごま油をフライパンで熱し、きんきの上からジュッとかけ、パクチーを散らす。

P110 ――

【フレンチトースト】
材料（食パン4枚分）
食パン…………1斤（4枚切り）
卵………………1個
牛乳……………1と1/2カップ
レーズン、はちみつ（またはメープルシロップ）、バター………各適量

〈作り方〉
①溶き卵と牛乳を合わせた中にパンを漬け、一晩おいておく。
②フライパンにバターを溶かし、パンの両面に焼き色がつくように焼く。レーズンも一緒に軽く焼く。
③皿に盛り、はちみつをかける。好みでシナモンをかけてもおいしい。

P111～112 ――

【チーズしらすトースト】
材料（1人分）
食パン…………1枚（4枚切り）
ピザ用チーズ、しらす……各適量
オリーブオイル…………適量

作り方
①パンを半分に切り、チーズをのせて軽く溶ける程度に焼く。
②しらすをのせ、オリーブオイルをかける。

【うにバター海苔トースト】
材料（1人分）
食パン…………1枚（4枚切り）
練りうに、バター、刻み海苔…各適量

〈作り方〉

①パンを半分に切り、バターを塗って焼く。

②練りうにを塗り、全体に刻み海苔をかける。

P115

【ビーフシチュー】材料（4人分）

牛肉（肩ロース）……800g
たまねぎ（中）……1個
セロリ、にんじん……各1本
にんにく……2片
トマト……2個
マッシュルーム……16個
小たまねぎ……8〜12個
ドミグラスソース（290g）2缶
赤ワイン……750cc
チキン、ビーフブイヨン…各1個
塩、こしょう、オリーブオイル、
バター……各適量

〈作り方〉

①たまねぎ、セロリ、にんじん、にんにくを薄切りにし、トマトはざく切りにする。フライパンにオリーブオイルを熱してにんにくを炒め、たまねぎ、セロリ、にんじんを加えて柔らかくなるまで炒め、トマトを加えて塩、こしょうで調味する。

②牛肉は一口大に切り、塩、こしょうをする。鍋にバターを熱し牛肉を表面がきつね色になるまで焼く。赤ワインを入れて煮立て、①を加え10分ほど煮る。

③ドミグラスソースとブイヨンを加え、ふたをして弱火で2時間ほど、肉が柔らかくなるまで煮込む。

④肉を取り出し、ソースだけを弱火で2時間ほど煮詰める。マッシュルーム、小たまねぎはさっとゆでておく。

⑤④のソースをこして、肉と⑤を入れて10〜15分煮る。ミニキャロット、じゃがいも、いんげんなどを添えて盛りつける。

P116

【ロールキャベツ】材料（4人分）

キャベツの葉……12〜14枚
牛ひき肉……400g
A　たまねぎ……1個
　にんじん、セロリ…各1/2本
　無塩バター……40g
　ビーフブイヨン……2個
　鶏ガラスープの素…小さじ1
B　トマトケチャップ…大さじ1
　塩……小さじ2/3
　黒こしょう……少々

〈作り方〉

①Aの野菜をみじん切りにしておく。フライパンに無塩バターを熱し、野菜を焦がさないように炒める。しんなりしたら砕いたビーフブイヨンと鶏ガラスープの素を加えて混ぜ、バットに入れて冷やす。

②たっぷりの湯を沸かし、塩大さじ1（分量外）を入れてキャベツの葉をゆでる。しんなりしたら冷水に放し、芯の厚い部分を包丁でそぐ。

③ひき肉をボールに入れて粘りが出るまでよく練り、①を加えて混ぜる。Bを加えてよく混ぜ、8等分の俵形にまとめる。

④キャベツを広げ、破れがあれば他の葉を重ね、中央に③を置いて左右を折りたたんで手前からきっちりと巻く。

⑤ロールキャベツの巻き終わりを下にして、鍋（長径29㎝のオーバル鍋を

使用）の中に隙間なく並べる。水をひたひたに加え、ふたをして弱火にかける。沸騰してきたら、とろ火にし、様子を見ながら時々水を足し、2時間ほど煮る。

P118

【あじのマリネ】材料（4人分）

あじ……………………4尾
マリネ液
　寿司酢………………大さじ2
　レモン汁……………大さじ2
赤唐辛子………………1本
すだち（あるいはレモン、ゆず）、
たまねぎ………………各1/2個
にんにく………………1片
大葉、あさつき、オリーブ油、塩
……………………各適量

〈作り方〉

①あじは三枚におろし、皮をはぎ軽く塩をふり、15分ほどおく。余分な水分はふき取っておく。たまねぎは薄切りにして水にさらし、水気を絞る。にんにくは薄切り、大葉は千切りにし、あさつきは小口切りにする。赤唐辛子は水に浸してから縦に切り、種を除く。

②寿司酢、レモン汁、赤唐辛子をバットに入れ、マリネ液を作る。

③②にあじを漬け、たまねぎとにんにくをのせる。30分くらい漬けたら取り出し、あじを薄く切る。

④あじを皿に並べ、オリーブオイルをかけ、たまねぎ、大葉、あさつきをのせ、すだちを添える。

P119

【野菜スープ】材料（4人分）

A　たまねぎ……………1/2個
　ポロねぎ（リーキ）…1/3本
　じゃがいも（小）……1個
　ズッキーニ、セロリ…各1本
トマト…………………2個
さやいんげん…………100g
オリーブオイル………大さじ4
野菜だし（茅乃舎）8g……2個
塩………………………小さじ1
黒こしょう……………少々
アイヤードソース
（にんにくバジルソース）
　バジルの葉…………20g
　おろしにんにく……1片分
　卵黄…………………1個分
　オリーブオイル……大さじ2
　塩……………………少々

〈作り方〉

①Aの材料はすべて約1cmの角切りにし、じゃがいもは水にさらす。トマトは湯むきして半割りにし、種を除いて1cmの角切り、さやいんげんは約5cmに切る。

②アイヤードソースを作る。バジルの葉を刻み、おろしにんにく、卵黄、塩と混ぜ合わせ、オリーブオイルを少しずつ加えてよく混ぜる。

③鍋にオリーブオイルを入れ、たまねぎ、ポロねぎ、セロリを弱火で炒め、透明感が出てきたらさやいんげんを加え、全体に油がまわったら水気をきったじゃがいもも加えて炒め、ズッキーニを加え、しんなりするまで炒める。

④トマト、水750cc、塩、野菜だしを加え、野菜が柔らかくなるまで40分ほど煮る。黒こしょうをふって仕上げる。器に盛り、アイヤードソースを好みの量加える。

【オイルサーディンの簡単おつまみ】

材料（缶詰1缶分）
オイルサーディン（缶詰）……1缶
A　たまねぎのみじん切り……1/4個分
　おろしにんにく……1片分
　マヨネーズ……大さじ3
パセリのみじん切り……大さじ1
レモン……1/4個
パプリカ……適量

〈作り方〉
①Aの材料をよく混ぜ合わせる。
②オイルサーディンを皿に盛り、①を上にかけ、パセリを飾る。レッドペッパーをふり、レモンを添える。

P120

【はまぐりと豆腐の小鍋】

材料（2人分）
はまぐり（大）……6個
絹漉し豆腐……2/3丁
昆布……10㎝
とろろ昆布……ひとつまみ
すだち……1～2個
ご飯……1膳分
ねぎ（小口切り）……適量
日本酒、しょうゆ、ポン酢、塩、黒こしょう……各適宜

〈作り方〉
①豆腐は8等分にする。
②鍋に昆布を入れて水をはり、塩をひとつまみ、日本酒大さじ1～2、豆腐、はまぐりを入れて煮立てないように火を通す。
③小鉢に豆腐とはまぐりをとり、とろろ昆布をのせ、ポン酢かすだちをかけ、好みでしょうゆをたらす。
④具を食べたら、ご飯を加えて雑炊にし、ねぎ、黒こしょうを加える。

P154～155

【インド風チキンカレー】材料（4人分）
鶏骨付きもも肉……400g
たまねぎ（中）……2と1/2個
にんにく……2片
しょうが……15g
赤唐辛子……3～5本
ギー（または無塩バター）……50g
ガラムマサラ……大さじ3
ターメリック……小さじ1と1/2
強力粉……小さじ1
鶏ガラスープの素……小さじ3
サラダ油……大さじ1
塩、黒こしょう……各適宜

〈作り方〉
①鶏肉をぶつ切りにし、塩小さじ1をふり、手でもみ込んで30分ほどおく。
②たまねぎ、にんにく、しょうがは薄切りにする。赤唐辛子は水に浸してから縦に切り、種を除く。
③鍋にギーを溶かし、赤唐辛子を炒め、香りが出てきたら弱火にし、たまねぎ、にんにく、しょうがを加え、焦げないように木べラで混ぜながら、たまねぎが茶色くなってクタクタになるまで50分ほど炒める。水分がなくなってきたら水を何度か足して炒める。
④③にガラムマサラ、ターメリック、強力粉を加え、混ぜながら炒める。鍋底に張り付くようになったら水1ℓ、鶏ガラスープの素を加えて煮る。
⑤フライパンにサラダ油を熱し、①の鶏肉をきつね色になる程度に焼く。脂が出てきたらキッチンペーパーなどで取り除く。
⑥④の鍋が沸騰したら⑤を加え20分

ほど煮て、黒こしょう少々で仕上げる。

【中華味の甘口カレー】材料（4人分）

鶏骨付き肉ぶつ切り
……………600～700g
にんにく、しょうが ………各1片
ねぎ…………………1／2本
小たまねぎ……………12個
サラダ油………………適量
A　カレー粉…………小さじ2
　しょうゆ…………大さじ4
　紹興酒、砂糖……各大さじ2

〈作り方〉

①鶏肉にしょうゆ、紹興酒各大さじ1（分量外）をからめ、半日ほどおく。
②にんにくはつぶし、しょうがは薄切り、ねぎは小口切りにする。小たまねぎは水につけてから皮をむく。
③中華鍋にサラダ油を熱して、にんにく、しょうが、ねぎを炒め、香りが立ったら鶏肉を加え香ばしく焼く。Aと水1／2～1カップを加え、煮立ったらふたをして弱火で20分ほど煮込む。
④サラダ油で小たまねぎを炒め、③の鍋に加えて10分ほど煮込む。

P156

【鶏の白ワイン煮】材料（4人分）

鶏骨付きもも肉…………4～6本
固形ブイヨン……………4個
セロリ……………………2本
たまねぎ…………………4個
にんにく…………………2片
パセリ……………………2束
にんじん…………………6本
マッシュルーム…………1パック
白ワイン…………………1／2本
タイム……………小さじ1／2
ローリエ…………………2枚
小麦粉……………………適量
塩、こしょう、オリーブオイル
……………………………各適量

〈作り方〉

①鍋に水2ℓを入れ、くだいたブイヨン、セロリを丸ごと入れて1時間ほど煮込む。
②たまねぎ、にんにくはみじん切りにする。パセリは葉先をみじん切り、にんじんは皮をむき輪切りにする。鍋にオリーブオイルを熱してにんにくを炒め、香りが出てきたらたまねぎを加え、透き通るくらいになったら、にんじんを加え、①のスープだけ注ぎ入れる。
③鶏肉に小麦粉をまぶし、オリーブオイルで表面を焦がすように炒め、②に入れる。
④ワインを加え、パセリの葉先半量と、タイム、ローリエ、マッシュルーム、塩、こしょうを加えて2時間ほど煮込み、塩、こしょうで味を調え、残ったパセリを加える。
⑤皿にご飯（分量外）を盛り、パセリのみじん切り（分量外）をまぶし、④を脇によそう。

【鶏の中華蒸し】材料（4人分）

鶏胸肉……………………2枚
ねぎ………………………10㎝
しょうが（薄切り）………2枚
酒………………………大さじ1
パクチー、
グリーンチリソース（市販）…各適量

〈作り方〉

①鶏肉は洗い、ねぎはぶつ切りにする。
②鍋に水5カップを入れ、鶏肉、ねぎ、しょうがを加えて強火にかける。

③煮立ったら火を弱め、アクをすくい、酒を加えて30分ほど煮る。そのまま粗熱を取ってから冷蔵庫で冷やし、食べる直前に取り出しスライスしてパクチーといっしょに皿に盛る。薬味にグリーンチリソースを添える。

P157 ――――

【鶏のトマト煮】

材料（4人分）

鶏骨付きもも肉……………4本
にんにく（みじん切り）…2片分
トマトの水煮（缶詰）………2缶
たまねぎ………………………1個
パセリ（みじん切り）……1束分
黒オリーブ（種なし）………10粒
塩、こしょう…………………各適量
ローズマリー…………………大さじ5
オリーブオイル、バター
……………………各大さじ1
固形ビーフブイヨン…………2個

〈作り方〉

①鶏肉は半分に切り、塩、こしょう、つぶしたにんにく、ローズマリーをすり込み、一晩おく。

②トマトの水煮はざく切りにし、オリーブオイル、ビーフブイヨンを加えて煮て、トマトソースを作る。たまねぎはざく切りにする。

③鍋にバターとオリーブオイルを熱し、①を加え、鶏肉をきつね色になる程度に焼いて、取り出す。

④たまねぎとにんにくを③の鍋に加え、しんなりするまで炒め、鶏肉と②のトマトソース、パセリの半量を加えて弱火で20～30分煮込む。

⑤鶏肉を取り出し、鍋の中身をこしてソースを作る。

⑥鍋に鶏肉、ソースを入れ、ブラックオリーブを加えてさっと火を通す。器に盛り、残りのパセリをふりかける。

【バーニャカウダ】材料（4人分）

にんにく………………………1個
牛乳……………………………適量
アンチョビ（缶詰）…………1缶
生クリーム……………………1カップ
オリーブオイル………………1カップ
野菜
トマト、じゃがいも、ブロッコリー、グリーンアスパラガス、レタス、アンディーブ……各適量

〈作り方〉

①にんにくは皮付きのまま、ばらばらにし、牛乳で中に火が通るまで煮る。

②アンチョビは水につけて塩抜きし、じゃがいも、ブロッコリーはゆでる。

③にんにくの皮をむいて洗い、みじん切りにしてから、すりこぎでつぶしてペースト状にする。

④アンチョビをみじん切りにして③に加えてすりこぎでつぶす。

⑤④に生クリームを加えてのばし、オリーブオイルを加えて火にかける。熱いうちに野菜をつけていただく。

P158 ――――

【カリフラワーのグラタン】

材料（4人分）

カリフラワー…………………1/2個
ハム……………………………5枚
ベシャメルソース
バター、オリーブオイル…各15g
薄力粉………………………30g
豆乳…………………………300cc
チキンブイヨン………………1個
ピザ用チーズ…………………適量

〈作り方〉
①カリフラワーを小房に分け、ゆでる。ハムは千切りにする。
②鍋にバターを溶かし、薄力粉を焦がさないように弱火で炒め、粉っぽさがなくなったら、温めた豆乳を少しずつ加えてとろみをつけ、チキンブイヨンを溶かす。
③グラタン皿にカリフラワー、ハムを入れ、②をかけ、上にチーズをふりかける。
④250度のオーブンで20〜25分、焦げ目がつくまで焼く。

P159

【いわしのハンバーグ】材料（6個分）
いわし……3〜4尾
にんにく、しょうが……各1片
ねぎ（白い部分）……1/2本分
大葉……6枚
赤唐辛子（種を取り輪切り）……1本分
みそ、酒、片栗粉……各少々
ごま油……適量

〈作り方〉
①いわしは三枚におろし、身を粗く包丁でたたく。
②にんにく、しょうが、ねぎをみじん切りにして、みそ、酒、赤唐辛子、片栗粉といっしょに①に加え、全体がなじむようにたたく。
③②を6等分し、手にごま油をつけて俵形にまとめて大葉で巻く。
④フライパンにごま油を熱し、両面を焼く。

P160

【伊勢海老のフライ】材料（1人分）
伊勢海老……1尾
卵液……1個分
小麦粉、パン粉、揚げ油……各適量
レモン、パセリ……各適量
塩、こしょう……各適量

〈作り方〉
①伊勢海老の頭をはずし、尾の方から身をはずす。
②一口大に切り、塩、こしょうをふり、小麦粉をまぶす。
③卵液に通してパン粉をまぶし、揚げ油で揚げる。パセリもさっと素揚げにする。
④器に盛り、レモンを添える。

P161

【伊勢海老のみそ汁】材料（2人分）
伊勢海老……1尾
昆布だし……適量
みそ……適量

〈作り方〉
①伊勢海老をよく洗って頭をはずし、縦に半割りにし、身の部分は縦半分に割り、2〜3等分に切る。
②昆布だしを鍋に入れて火にかけ、①を加えてじっくりと伊勢海老のだしを引き出す。ひと晩おくと濃いだしが取れる。
③好みの量のみそを溶き入れる。

P162

【松茸の奉書焼き】材料（2人分）
松茸……2本
酒……小さじ1
だいだい、しょうゆ……適量

〈作り方〉
①ペティナイフか手で松茸の汚れを取り、縦半分に切る。
②奉書紙を霧吹きで湿らせて、酒をかけてから①を包む。
③炭火で裏返しながら5~6分焼く。
④焼きあがったら、手をぬらしながら松茸を割き、だいだいを搾り、しょうゆを少し垂らしていただく。

P164 ———

【鶏の水炊き】材料（4人分）
宮川食鳥鶏卵の
『鶏肉の折り詰め』……1箱
鶏手羽元……15本
白菜、しめじ、しいたけ ：各適量
薬味
大根おろし、万能ねぎ、ポン酢、
一味唐辛子……各適宜

〈作り方〉
①手羽元を金槌などで骨が割れるくらいにたたき、鍋に入れて水3ℓを注ぎ、アクを取りながら4時間ほど煮てだしをとる。
②鍋にだしをはって火にかけ、鶏肉を入れて沸騰したらアクをすくい、野菜を加える。
③好みで大根おろし、万能ねぎ、ポン酢、一味唐辛子をつけていただく。

P166 ———

【水菜と揚げの小鍋】材料（2人分）
水菜……1束
油揚げ……1枚
昆布とかつお節の合わせだし、
ぽん酢、黒こしょう……各適量

〈作り方〉
①水菜は4等分し、油揚げは湯通しをして縦半分に切って細切りにする。
②だしは濃い目に作る。鍋にだしを入れて火にかけ、水菜を入れ、油揚げを少しずつ足し、煮上がったら器に取り、黒こしょうをかけていただく。

P167 ———

【鴨鍋】材料（2人分）
鴨肉……200g
酒、昆布だし……各適量
水菜……2束
しいたけ……4個
薄口しょうゆ……適量
しょうが汁……大さじ1

〈作り方〉
①鴨肉の半分を薄切りにし、もう半分を鴨団子用にミンチにする（鴨団子の材料はP195参照半量分用意）
②鍋に酒と昆布だしを同量入れ、沸騰したら水菜1把を入れ、薄口しょうゆ、しょうが汁を加えて味を決め、水菜を引き揚げる。
③鴨団子の材料をよく練り、スプーンですくって団子状にして鍋に落とす。鴨薄切り肉、水菜、しいたけも入れて火を通す。

もう一品 ———

【牛肉のたたき】材料（4人分）
牛ヒレ肉……500g
たまねぎ……1個
大葉……8枚
おろしにんにく……2片分
塩、こしょう……各適量

〈作り方〉
①牛肉に塩、こしょう、おろしにんにくをすり込み、ひと晩おく。
②たまねぎは薄切りにして水にさらし、水気を絞る。大葉は千切りにする。
③フライパンで牛肉をころがしながら焼き、脂が出てきたらそのつどペーパータオルなどで吸い取り、まわりに焼き色がついたらアルミホイルでくるんで30分ほどおく。
④肉を5㎜厚さに切って並べ、たまねぎを上に散らし、大葉をかける。

お取り寄せ情報

佐藤養殖場　牡蠣
三重県志摩市磯部町的矢889
☎0599-57-2611
http://seijyoumatoyakaki.com/

久原本家　茅乃舎　だし
東京ミッドタウン店／東京都港区赤坂9-7-4　東京ミッドタウンガレリア地下1F　☎0120-84-4000
https://www.k-shop.co.jp/

キャンティ　ドレッシング
東京都港区麻布台3-1-7
☎03-3583-0145
http://www.chianti-shop.jp/

玄　そば
奈良県奈良市福智院町23-2
☎0742-27-6868

宮川食鳥鶏卵　鶏肉の折り詰め
東京都中央区築地1-4-7
☎03-3541-0177

祇園むら田　錦糸海苔
京都府京都市東山区祇園下河原町478　☎075-561-1498
http://www.gion-murata.co.jp/

丸正酢醸造元　寿しの酢
和歌山県東牟婁郡那智勝浦町天満271
☎0735-52-0038
http://www.marusho-vinegar.jp/

丸山海苔店　海苔
東京都中央区築地4-7-5築地共栄会ビル1F　☎0120-088-417
http://www.maruyamanori.com/

納豆工房せんだい屋　納豆
池尻大橋店／東京都世田谷区池尻3-20-3柳盛堂ビル1F
☎03-5431-3935
http://www.sendainatto.jp/

おんせんたまごの森山　温泉卵
福島県福島市土湯温泉町字下の町18
☎024-595-2014
http://www.ganbaransho.com/

カネサン水産　しらす
静岡県磐田市豊浜4190
☎0538-58-1985
http://enshu-chirimen.com/

堀越希実子（ほりこし・きみこ）

東京生まれ。学習院大学仏文学科卒業後、一九七六年に十二代目市川團十郎（当時は十代目市川海老蔵）と結婚。長男は十一代目市川海老蔵、長女は三代目市川ぼたん。

参考資料は以下の通りです。
『そして、海老蔵』村松友視　世界文化社
『ありがとう、お父さん』市川ぼたん　扶桑社
『食材図典』小学館
『歌舞伎ハンドブック　第3版』藤田洋 編　三省堂

團十郎が食べてきたもの
成田屋の食卓

二〇一六年一〇月三〇日　初版第一刷発行
二〇一六年一一月二五日　第六刷発行

著者　堀越希実子
発行者　竹間 勉
発行　株式会社世界文化社
〒一〇二-八一八七　東京都千代田区九段北四-二-二九
電話　〇三（三二六二）五一一五（販売業務部）
印刷・製本　中央精版印刷株式会社

ISBN978-4-418-16512-4

校正　株式会社円水社
DTP制作　株式会社明昌堂
編集　唐澤 耕
中野俊一（株式会社世界文化クリエイティブ）
編集協力　栗田美香
ヘア・メイク　長網志津子

＊内容に関するお問い合わせは、株式会社世界文化クリエイティブ
電話〇三-三二六二-六八一〇までお願いします。